Gerd Andresen: Bade- und Luftkurort Tönning

Gerd Andresen

Bade- und Luftkurort
Tönning

Verlag H. Lühr & Dircks

2252 St. Peter-Ording
1985

30 Fotos, 9 Abb., 2 Karten
Umschlaggestaltung und Layout: Ulrich Meggers, 2256 Vollerwiek.
Umschlagfoto: Wolfgang Oppermann, 2256 Garding.
Die Abbildungen stammen aus den Archiven Wolfgang Oppermann, Garding (26);
K. Heinz Handke, Tönning (5); Wilhelm Boysen, Tönning (4);
Gerd Andresen, Labenz (1); Stadt Tönning (3).

Luftbildfreigabe:
Titel SH 1043/60; Seite 62 SH 1043/10; Seite 63 SH 1043/61

Dieses Buch erscheint in der
Reihe der »Eiderstedter Heimatbücher« als Band 7.

Die Stadt und die Kurverwaltung Tönning haben dieses Buch in vielfacher
Weise gefördert. Dafür sind der Autor und der Verlag dankbar. Dieser Dank gilt
auch dem 1. Vorsitzenden der Gesellschaft für Tönninger Stadtgeschichte,
Herrn Helmut Staeglich (Lt. Baudir. a. D.) für seine vielfachen Beratungen.

CIP-Kurztitelaufnahme der Deutschen Bibliothek
Andresen, Gerd:
Bade- und Luftkurort Tönning/Gerd Andresen.
Sankt Peter-Ording: Lühr und Dircks, 1985
    ISBN 3-921416-37-X

1. Auflage 1985
© Verlag H. Lühr & Dircks
(Inh. Jürgen-Erich Klotz)
Westmarken 49, 2252 St. Peter-Ording

Herstellung:
Reproduktion: U. Meggers, 2256 Vollerwiek
Druck: Wilhelm Boysen, 2253 Tönning

Buchbindearbeiten:
Breklumer Druckerei Manfred Siegel, 2257 Breklum/NF

ISBN 3-921416-37-X

Inhaltsverzeichnis

    Seite

... schon Absalon von Lund:
Tönning bis zur Verleihung des Stadtrechts   8

Tönning erhält 1590 das Stadtrecht:
die Rechtsverordung des »Städtleins Tönning«
bringt Veränderungen   12

Der Bau des Tönninger Hafens 1613:
er ist notwendig, »da die Wege bös und tieff seyn«   17

Und auch die Post gibt es in Tönning:
die »geschworenen Boten«   27

Und sie fingen
»Meerschwine, Störe ok bitwilen Rochen« —
die Anfänge der Seefischerei in Tönning   29

Kriege erschüttern den Wohlstand der Stadt:
Tönning als Festungsstadt   30

Der Kanal kommt: Ein Wasserweg zwischen der
»Ostsehe und der Westsehe« entsteht   36

Tonnen und Baken sorgen für Sicherheit:
die Anfänge des Seezeichenwesens auf der Eider   39

Tönning als »Welthafen«:
Napoleon machte es möglich!   42

»Un Schaap un Ossen warn versandt no Hamburg
un no England«:
Viehausfuhr in der 2. Hälfte des 19. Jahrhunderts   50

Un dat is Tönn' hüt — rinkieken lohnt sick!   61

Und auch das Umland ist interessant   71

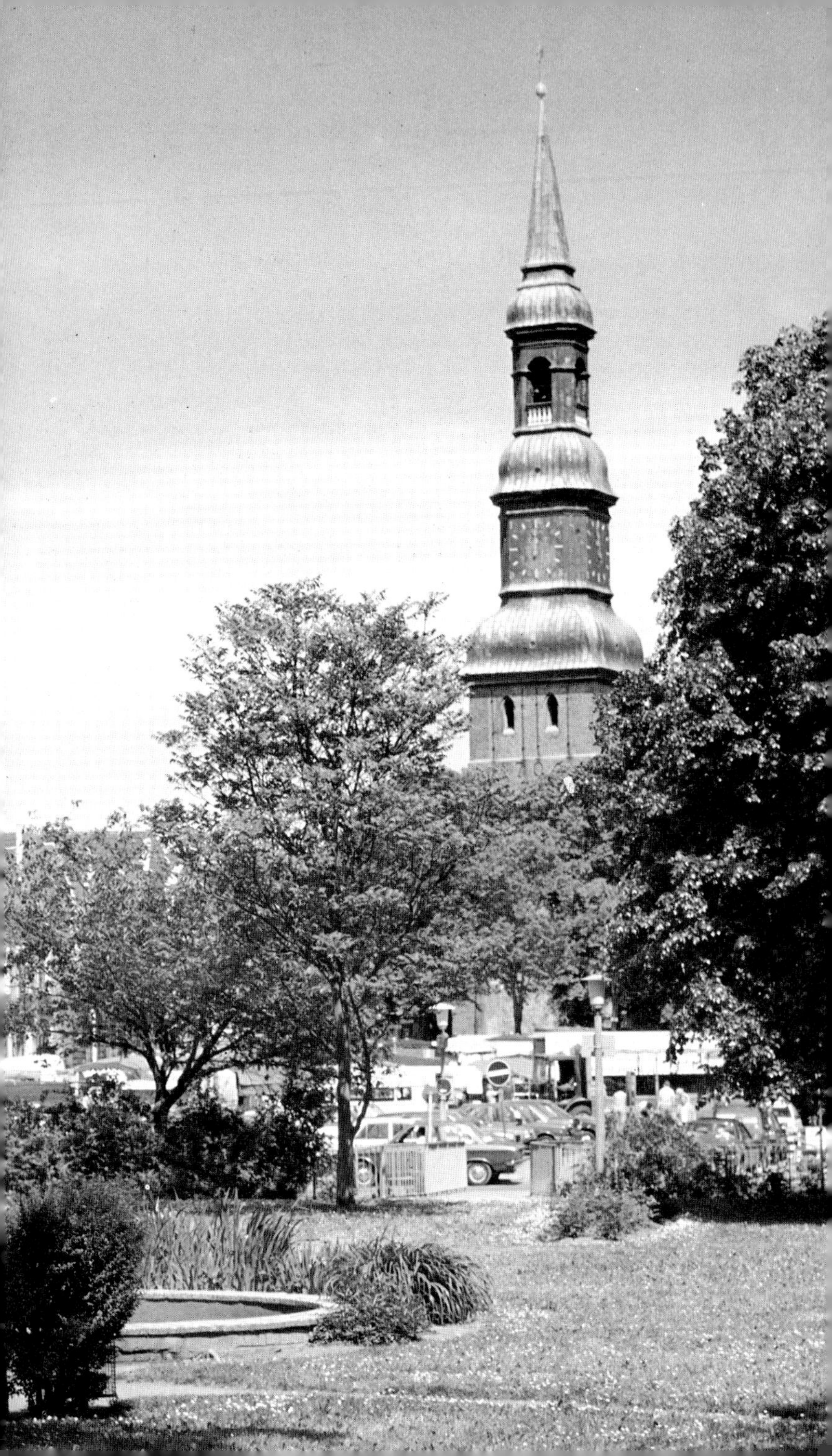

Ohne die finanzielle Unterstützung durch Tönninger Firmen wäre es nicht möglich gewesen, dieses Buch mit so vielen und farbigen Abbildungen herauszubringen.
Für diese heute gar nicht so selbstverständliche Hilfe bedankt sich der Verlag sehr herzlich bei den folgenden Unternehmen:

Albingia Versicherungsgesellschaften
Gerhard Kerkmann
Neustraße 18, Tel. 1003

»Zum goldenen Anker«
direkt am romantischen Fischereihafen
(Gutbürgerliche Küche, gemütliche Gästezimmer)
Am Hafen 32, Tel. 218

Fernseh-Wiebner
TV — HiFi — Video
Neustadt 45, Tel. 5174

Boye Hamkens
Inh. H. L. Dittmer
Buchhandel - Schreibwaren
Markt 4, Tel. 356

Schreibwaren Idler
Inh. Ralf Schüttpelz
Neustraße 8, Tel. 456

Krabben und Fisch GmbH Tönning
— Einkauf für jedermann —
Am Eiderdeich 12, Tel. 887

Omnibusbetrieb Jürgen Meister
Hugo-Buschmann-Straße 13, Tel. 5447 + 1010

Strandhotel Fernsicht
Eiderstedter Büfett
Auf dem Badestrand, Tel. 475

Heinrich Thoms
Holzimport — Baustoffe — Bastlerbedarf
Gardinger Chaussee 1, Tel. 725
Unsere Ausstellung ist sonnabends von 8-12 Uhr geöffnet

Volksbank Tönning
Zweigstelle der Gardinger Volksbank eG
Am Markt 6

Modekaufhaus C. Westensee
gegründet 1870
Kattrepel 7-9, Tel. 238

... schon Absalon von Lund:
Tönning bis zur Verleihung des Stadtrechts

Schon Plato denkt in seinem Dialog »Kratylos« über den Ursprung der Namen nach, ohne zu einem nennenswerten Ergebnis zu kommen. Ähnlich geht es uns mit der Ableitung des Ortsnamens »Tönning«. Das Stadtwappen zeigt einen Schwan auf einer Tonne, und die Legende weiß zu berichten, daß einst ein Schwan auf einer Seetonne angetrieben worden sei; sicher eine zu der Lage des Ortes passende Interpretation, die aber nicht als historisch haltbar zu werten ist. Gab es doch in jener Zeit noch keine Seetonnen, die das Fahrwasser markierten.

Der Chronist Wolfhagen glaubt, der Name sei »dem Eiderflusse zu verdanken, denn die Eider wurde vor reichlich 1000 Jahren von lateinischen Schriftstellern und von den alten Isländern 'Dina', 'Döna' oder 'Duna' genannt«, wobei dann die härtere Aussprache des anlautenden »D« und die Erklärung der Endung »ing« mit Thing, Gerichtsstätte, den Namen »Tönning« als Gerichtsort an der Eider erklären würde.

Wahrscheinlicher ist, daß die erste Silbe des Namens »Tönn-« vom Plattdeutschen »Tun«, also Zaun, hergeleitet ist und in Verbindung mit der Wortbildungssilbe »-ung«, mit der im Germanischen im allgemeinen »Zugehörigkeiten« bezeichnet wurden, eine Erklärung des Ortsnamens als einen mit einem Zaun oder Wall gesicherten und abgegrenzten Lebensraum zuläßt.

In einer Urkunde des Erzbischofs Absalon von Lund aus dem Jahre 1187 wird die »Tönningharde« zum ersten Male genannt; Antonius Heimreich erwähnt in seiner »Nordfresischen Chronick« — in Schleswig 1666 erschienen —, daß die Kirche von Tönning schon 1186 eine der Hauptkirchen des Landes gewesen ist, obwohl im »Chronicon eiderostadense vulgare« schon für 1103 eine hölzerne Kapelle im Bereich des heutigen Tating und 1109 eine zweite »by deme Garsande« (Garding) erwähnt wird.

Eine Besiedlung des Gebietes um Tönning kann aber schon für den Beginn des 8. Jahrhunderts n. Chr. angenommen werden. Westlich von Tönning wurden am Elisenhof in Olversum Teile einer friesischen Siedlung ausgegraben, die um das Jahr 700 angelegt worden sein kann. Für eine frühe Besiedlung des nördlichen Mündungsbereichs der Eider spricht auch, daß dieses Gebiet frühzeitig landfest und durch seine höhere Lage sturmflutsicherer war.

Die »Designatio der Harden und Kerken in Frisia minori oder Nordfriesland Anno 1240« zählt Olversum und Tönning auf, der Husumer Kartograph Johannes Mejer zeichnet beide Siedlungen in seine historische Karte von Nordfriesland für das Jahr 1240 ein. Sein Atlas mit einer Landesbeschreibung Schleswig-Holsteins erschien 1652.

Aus dem 14. Jahrhundert ist wenig über Tönning bekannt. 1338 verlagerte eine Sturmflut den Lauf der Eider; sie wurde »bedeutend ausgeschnitten«, Tönning lag jetzt direkt an der Eider. Weitere schwere Fluten in den Jahren 1339 bis 1342 und besonders die »Große Mandränke« 1362 trennten Eiderstedt vom Festland ab und machten auch das Gebiet um Tönning für über 100 Jahre zu einer Insel, die erst im 15. Jahrhundert durch neue Eindeichungen wieder an das Festland angeschlossen werden konnte.

Allerdings wurde das Gebiet um Tönning, bedingt durch Windrichtung, vorgelagerte Sande und Landhöhe, weniger als der Heverbereich geschädigt. 1351 dezimierte der »Schwarze Tod«, die Pest, die Zahl der Bewohner der Siedlung, die ohnehin durch ihren ständigen Kampf gegen die Naturgewalten hart um ihre Existenz kämpfen mußten. Namen aus jener Zeit, die bis heute erhalten sind, zeugen von dem Kampf einzelner Familien gegen das Meer: in den mäandrierenden Prielen der Hever lag die »Nickelswarft«; in der Gemeinde Westerhever findet der interessierte Tourist noch heute ein Gehöft dieses Namens.

Wer sich in der Marsch damals ansiedeln und behaupten wollte, mußte sich die Frage stellen, die sicher oft bei der Bewältigung menschlicher Existenz auftaucht: lohnt es sich, die Herausforderung anzunehmen, hat es einen Sinn, der scheinbar übermächtigen Natur zu trotzen?

Politisch ist das 13. Jahrhundert gekennzeichnet durch den Feldzug des Dänenkönigs Abel gegen die Friesen, der am 19. Juni 1252 auf dem Königskamp bei Oldenswort von den freiheitsbewußten Bewohnern dieser Gebiete vernichtend besiegt und in der Nähe Husums erschlagen wurde.

Die Jahre 1403 bis 1446 sind durch die Auseinandersetzungen zwischen den Eiderstedtern und den Dithmarschern geprägt, die auch für Tönning nicht immer glücklich abliefen. 1403 nahmen die Eiderstedter — ein friesischer »Raub der Sabinerinnen« — sieben Frauen aus Dithmarschen gefangen und »sperrten sie in die hiesige Kirche ein. Die Dithmarscher befreiten selbige und brannten bei dieser Gelegenheit den Turm ab«. 1414 landeten Dithmarscher bei Tönning, um den Tod einiger erhängter Diebe zu rächen, wurden aber erfolgreich abgewiesen. Im nachfolgenden Jahr erschienen die Dithmarscher erneut und verbrannten und beraubten »außer Vollerwiek, Welt, Cotzenbüll auch das Dorf Tönning«; 1416 wurde Tönning erneut gebrandtschatzt und mußte auch in den nächsten Jahren ständig unter der Fehde zwischen den feindlichen Nachbarn nördlich und südlich der Eider leiden.

Interessant ist, daß man damals schon erhebliche Schwierigkeiten mit der friesischen Sprache, die sich ja gegen die plattdeutsche Mundart erheblich abhebt, hatte: der Chronist Johannes Laß, ein aufmerksamer Beobachter seines Lebensbereiches, schreibt für das Jahr 1484: »Die ächte alte Friesische Sprache ist schwer zu erlernen. Selbige hat viele ungeheuren und harten Vocales und fast überall unangenehme und schwere Diphtongos«. Das Plattdeutsche scheint um 1500 allgemeine Umgangssprache gewesen zu sein, während

Friesisch damals schon erlernt werden mußte, offenbar also nur noch eine Heimstatt in der von einem Sprachwandel nicht erfaßten Insel- und Halligenwelt gefunden hat.

Am Anfang des 16. Jahrhunderts war die Einführung des lutherischen Glaubens, die Reformation, die wichtigste Begebenheit in Tönning, und sie vollzog sich »hieselbst 1527 ohne große Störungen«.

Und auch die wirtschaftlichen Belange scheinen in Ordnung gewesen zu sein; denn es war eine »wohlfeile Zeit«, für die sich, um die Gegenwart einmal zu hinterfragen, ein Preisvergleich mit der Gegenwart lohnt: eine Tonne Gerste (1 Tonne = ungefähr 110 kg) kostet 18 Schilling lübisch, ein Paar Schuhe 3 Schilling, ein Demat (5.000 qm) Land zu »Häuer«, zur Pacht, 17 Schilling. Der Preis für 110 kg Gerste ist vergleichbar mit der Pacht für ½ Hektar Weideland, ein Paar Schuhe kostet den 6. Teil der beiden genannten Werte. Zu dieser Zeit verdiente ein Schweinehirt im Raum Preetz 17 Mark lübisch[*] im Jahr; er konnte dafür gerade 16 bis 17 Demat Weideland, also 8 bis 8½ Hektar, pachten, kaum eine Existenzgrundlage, wenn man beachtet, daß für die Lebenshaltungskosten mindestens 50% des Jahresverdienstes abgerechnet werden müssen.

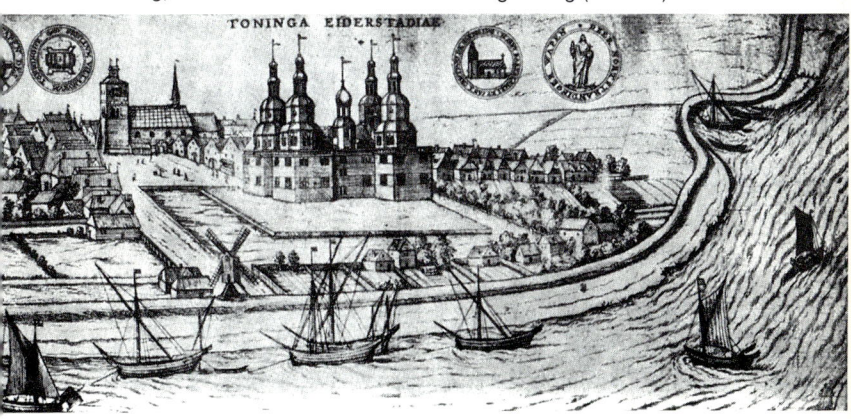

Tönning, Stadtansicht nach Braun und Hogenberg (1572/75)

[*] 1 Mark lübisch = 16 Schilling lübisch

Tönning erhält 1590 das Stadtrecht: die Rechtsverordnung des »Städtleins Tönning« bringt Veränderungen

Dennoch, Tönning muß auf der Grundlage des eiderstedtischen Hinterlandes einen solchen wirtschaftlichen Aufschwung erfahren haben, daß der Gottorfer Herzog Johann Adolf dem Ort 1590 das Stadtrecht verleiht. Um die Ornamentalik der damaligen Sprache und die Renommieranfälligkeit der Landesherren des 16. und 17. Jahrhunderts zu dokumentieren, sei der einleitende Text der Verleihungsurkunde des Stadtrechts wörtlich wiedergegeben: »Wir von Gottes Gnaden Johann Adolf, postulierter und erwählter zu Erz- und Bischoffen der Stifte Bremen und Lübeck, Erbe zu Norwegen, Herzog zu Schleswig, Holstein, Stormarn und der Dithmarschen, Graf zu Oldenburg und Delmenhorst, Entbiethen Unseren lieben, getreuen, Bürger-Meister und Rath und gemeiner Bürgerschaft Unserer Stadt Tönning in Eyderstäd Unsere Gnade«.

Doch der Landesherr wußte, warum er den Ort zur Stadt erhob: der über die Stadt Tönning, besonders nach dem Hafenbau 1613, zentral abgewickelte Handel bedeutete erhebliche fiskalische Vorteile und kam dem vorabsolutistischen Macht- und Geltungsstreben der Gottorfer Herzöge, die sich politischen Konzeptionen der Zeit auch nicht entziehen konnten, erheblich entgegen: »Gib, damit dir gegeben wird«!

Ein zentraler Ort wird zur Stadt erhoben, der Landesherr, Herzog Johann Adolf von Gottorf, hält es für angezeigt, Rechte in die Hand einer bürgerlichen Verwaltung zu geben, die diese vorher nicht hatte. Städte entstehen nicht ohne Bezug zum Umland, und es ergibt sich hier die Frage, welche wirtschaftlichen Veränderungen in Eiderstedt im ausgehenden 16. Jahrhundert die Stadtwerdung begründeten.

Während im ersten Drittel des 16. Jahrhunderts von holländischen Namen in Eiderstedt wenig zu spüren ist, finden sich aber 1588 holländische, zum Teil alttestamentarische Namen unter den Vor- und Nachnamen. Die in der Zwischenzeit vollzogene Hauptzuwanderung dieser »Neubürger« erreicht also ihren Höhepunkt, als in den spanischen Niederlanden der Widerstand gegen die spanische Krone, vertreten durch Herzog Alba (1567-1573), seinen militärischen Höhepunkt erfährt — bekannt ist der Kampf der Wassergeusen gegen die für Spanien fechtenden genuesischen Galeerenflotte — und eine Auswandererwelle einen neuen Lebensbereich sucht, der dem heimatlichen entspricht und auch im sprachlichen Bereich keine großen Probleme aufwirft: Eiderstedt wird zu »Klein-Holland«; dieser Name zielt aber auch auf das Landschaftsbild, das zunehmend von Windmühlen zur Entwässerung, von Haubargen, großen reetgedeckten Wohnhäusern und fachmännisch angelegten Entwässerungsanlagen geprägt wird.

Der Husumer Arzt und Bürgermeister Caspar Danckwerth sagt dazu in seiner 1652 veröffentlichten »Newen Landesbeschreibung der beiden Herzogthümer Schleswich und Holstein«: »Die übrigen Einwoner seynd Fremdlinge, insonderheit Holländer, deren zimblich viel in dem Lande wohnen, werden aber noch zu keinen Ehrenämtern herangezogen«.

Die Holländer führen aufgrund ihrer Erfahrung in ihrer neuen Heimat die Milchwirtschaft ein; sie haben erkannt, daß der nur wenig über dem Meeresspiegel liegende Boden der Landschaft zum Ackerbau wenig geeignet ist, betätigen sich gleichzeitig als Fachleute für Landentwässerung und Deichbau und demonstrieren auch unternehmerischen Elan und Geschick, so daß sie erheblich zu einer wirtschaftlichen Stabilisierung des Tönninger Umlandes beitragen. Überschüsse drängen in den Export. Ware, die für den Fernhandel und nicht für den eigenen Bedarf bestimmt ist, bedarf eines Organisationszentrums, der Aufstieg des Ortes Tönning zur Stadt ist vorgezeichnet.

Gleichzeitig sorgen landesherrliche Maßnahmen für zielbewußte Eindeichungen, für die der Herzog seine Beziehungen nach Holland sowie Ost- und Westfriesland nutzt: Pferde und Fohlen kommen von dort, holländische Wasserbauexperten stellen ihre große Erfahrung in den Dienst der Landgewinnung.

Eine weitere Maßnahme zur Gesundung der Eiderstedter Wirtschaft und damit zur Vorbereitung der Tönninger Stadtwerdung ist die Einsetzung des Stallers (des höchsten herzoglichen Beamten in der Landschaft) Caspar Hoyer (1578-1594), der sowohl beim Landesherrn wie bei den Eiderstedtern in hohem Ansehen stand und der die Interessen sowohl des Herzogs von Gottorf als auch die der »Landeskinder« geschickt zum Vorteile aller zu verknüpfen verstand.

Die »Rechtsverordnung des Städtleins Tönningen« umfaßt 28 Titel, deren wesentliche hier einmal erwähnt seien: alle »bisherigen Privilegia und Freyheiten« werden bestätigt. Zwei Bürgermeister und » fünf Rathspersonen erkennen in erster Instanz und sprechen Recht, zwischen den Einwohnern der Stadt Tönningen in allen Sachen, in denen wir (der Herzog) kein Brüche (keine Zuständigkeit) haben«.

Das gilt, »dieweiln auch dem frembden Kaufmann beschwerlich«, für Verfahren zwischen Tönninger und fremden Kaufleuten, »damit dieselbe schleunig Recht gegen die Bürgere zu Tönningen und die Bürgere gegen sie erlangen«. Appellationsinstanz (Berufungsgericht) sind zunächst der herzogliche Staller und zwei dazu bestimmte Landräte. Recht gesprochen wird in einem statt einer »Dingstätte« zu erbauenden Rathause, das von der Gemeinde finanziert wird. Als finanziellen Ausgleich — »wegen angewandter Unkosten« — ordnet der Landesherr an, daß »unter solchem Rat-Hause ein freyer Wein-Keller, daraus Wein und andere heiße Getränke auch alles fremde Bier geschenket und gezapfet gehalten werden soll, und soviel Wein und heiße Getränke belanget, niemand anders in Tönningen als aus des Rathes Weinkeller, Wein und fremdes Bier zu verkaufen und zu verzapfen gestattet werden soll«. In den anderen Schenken des Ortes wurde das in der Landschaft und der Stadt selbstgebraute, vielleicht weniger wohlschmeckende Bier gezapft; oder gereichte es damals schon zur höheren Reputation, in der Öffentlichkeit fremde Produkte, Exotika, zu genießen?

Die Bürgermeister der jungen Stadt wurden vom Staller aus dem Kreise der Ratsherren bestimmt; hier sind Anfänge kommunaler Selbstbestimmung zu erkennen, die sich auch darin zeigt, daß beim Ableben eines Ratsherrn — Legislaturperioden gab es noch nicht — der Bürgermeister, die Ratsherren und die Stadtdeputierten »in des verstorbenen Stedte, einen ehrlichen, verständigen und friedsamen Bürger erwählen und in gebürlichen Eid nehmen, jedoch daß der im Lande gebohrene, den Ausländischen sollen werden vorgezogen«. Der letzte Halbsatz mag vielleicht heute auf Kritik stoßen, muß aber aus dem Gedankengut des ausgehenden 16. Jahrhunderts und aus der ortsspezifischen Problematik heraus verstanden werden: die Lage des Ortes erforderte von den zuständigen Kommunalpolitikern sehr viel »friesische Sachkenntnis«, das heißt, man mußte Mentalität und maritimes Denken der Einwohner verstehen und entsprechend reagieren. Der bodenständige Bürger mußte sich verstanden wissen, sollte er sich für das Wohl und Wehe seiner Heimat einsetzen!

Erstaunlich ist, daß im Stadtrecht Anklänge an eine Bebauungsordnung vorhanden sind. »Kein Tönninger Bürger soll die Macht haben, ein neu Gebäude zu verfertigen, oder eine neue Straße, allda zuvor keine gewesen, legen zu lassen«. Vorher muß die Obrigkeit »die Stätte« besichtigen und dem Bauherren Anweisung geben, wie er zu bauen habe, damit »Unförmigkeit der Gebäude verhütet werde«. Bei einem Verstoß drohen »eine Poen von 20 Mark lübisch und die Abbrechung des aufgeführten Gebäudes«.

Neue Gebäude sollen »zur Verhütung Feuers-Noth nicht mit Rethe oder Stroh, sondern mit gutem Steindach gedeckt« werden. Die Kommentare der Bauherren kann man sich vorstellen, wenn man bedenkt, wie teuer Bausteine (neben dem Bauholz) in den Marschgebieten damals waren. Nach Salz, Hopfen, Holz und Torf stehen Steine an der 5. Stelle einer Bedarfsliste bei den Einfuhren über den Tönninger Hafen!

Auch erlaubt der Herzog in »Titulus XVI« «wegen der Armuth in Eyderstädte und sonderlich zu Tönningen« das Fischen auch auf den südlichen Wattflächen, auf »dem Dithmarscher Schlick«; bis 1590 waren die Tönninger, die sich zur Deckung des Eigenbedarfs in die Fangbereiche der Dithmarscher gewagt hatten, »etlichemale greuentlich überfallen und geschlagen« worden. Frauen hatten die Tönninger jetzt offenbar genug, diesmal fehlte es an Fischen!

Wesentlich für die Stadtkasse ist das Recht, »Tonnen und Backen auf dem Eyderstrom zu halten und von den Schiffern und Kaufleuten, die sie gebrauchen, billig Tonnen- und Backengeld zu nehmen«. Und die Stadt machte Gebrauch von diesem Privileg: schon 1597/98, also vor dem Bau des Tönninger Hafens rechnete »Jacob Johanns Tonnenmeister« 420 Mark lübisch 13 Schilling und 3 Pfennige ab.

Wer Neubürger werden will, muß »ein glaubwürdiges Zeugniß seines christlich ehrbaren Lebens, Handels und Wandels«, ausgestellt von Pastoren, Bürgermeistern, Amtsleuten, Richtern und Verwaltern königlicher Ämter vorweisen. Man fürchtete sich nicht vor einer Überfremdung, hatte aber sicher Bedenken, daß die Ordnung einer bürgerlichen Kleinstadt gefährdet werden könnte.

Neu war auch »die Freyheit«, am Montag einen Wochenmarkt abzuhalten (auch heute lohnt sich der Besuch des Marktes, der immer noch montags stattfindet), und auch hier zeigt sich die Bedeutung des Privilegs für die Stadt: »vor 10 Schlägen« (vor 10 Uhr) dürfen auswärtige Händler »uff dem Wochenmarkte« ihre Ware nicht anbieten.

Wer sagt, daß 1590 noch kein Lärmschutz betrieben wurde, der irrt: durch »Büchsen abschießen« — so lehre es die Erfahrung — kann großer Schade entstehen, und besonders auf »schwangere Frauen und kranke Personen« müsse verstärkt Rücksicht genommen werden. Wirte und Krüger sollen »ihre fremde Gäste, so mit Büchsen zu ihnen kommen, des verwarnen«. Das Tönninger Stadtrecht zeigt, messen wir an heutigen Maßstäben, erstaunlich aktuelle Züge.

Der Bau des Tönninger Hafens 1613: er ist notwendig, »da die Wege bös und tieff seyn«

Der wirtschaftliche Aufschwung der Landschaft Eiderstedt und der Bedeutungsgewinn des Handels über die Stadt Tönning zeigte bald, daß der bisherige alte Hafen an einem Sielzug nördlich des Ortes den zunehmenden Schiffsverkehr nicht mehr aufnehmen konnte; denn schon vor dem Bau eines neuen Hafens waren die Ausfuhrmengen beträchtlich: 1610 wurden auf der Waage in Tönning — ein vom Herzog bestallter Waagemeister überprüfte den Waagevorgang — 3.457.683 Pfund Käse gewogen, die weitgehend über den Landweg verhandelt wurden. Noch 1853 berichtet ein Chronist resignierend: »Die Landwege, so eben und schön sie in guten Sommerzeiten sind, so schlecht und unpassabel werden sie bei anhaltendem Regen, besonders im Herbst und im Frühjahr«. Der Bau eines neuen Hafens war also zu einer wirtschaftlichen Notwendigkeit geworden, und die Agrarkapazität machte es erforderlich, den einzig gängigen Weg, den Seeweg zu benutzen. Aber auch dem Herzog war an der Errichtung eines neuen Hafens gelegen. Am 2. Januar 1611 schreibt Johann Adolf von Gottorf dem Eiderstedter Staller, »daß auß Mangell eines guten haven die Schiffe bey unserer Stadt Tönningen gantz abgelegen sin und alß dadurch die Schiffahrt zu Unserer Underthanen mercklichen Nachteil und Schaden zum guten theil gehindert und geringert werden soll«. Dabei denkt er an sich selbst nicht zuletzt, denn die Einnahmen aus der Waage- und Hafengeldpflicht — Hafengeld wurde ab 1613 erhoben — flossen in die herzogliche Kasse.

Seite 18: Historische Häuser am Marktplatz

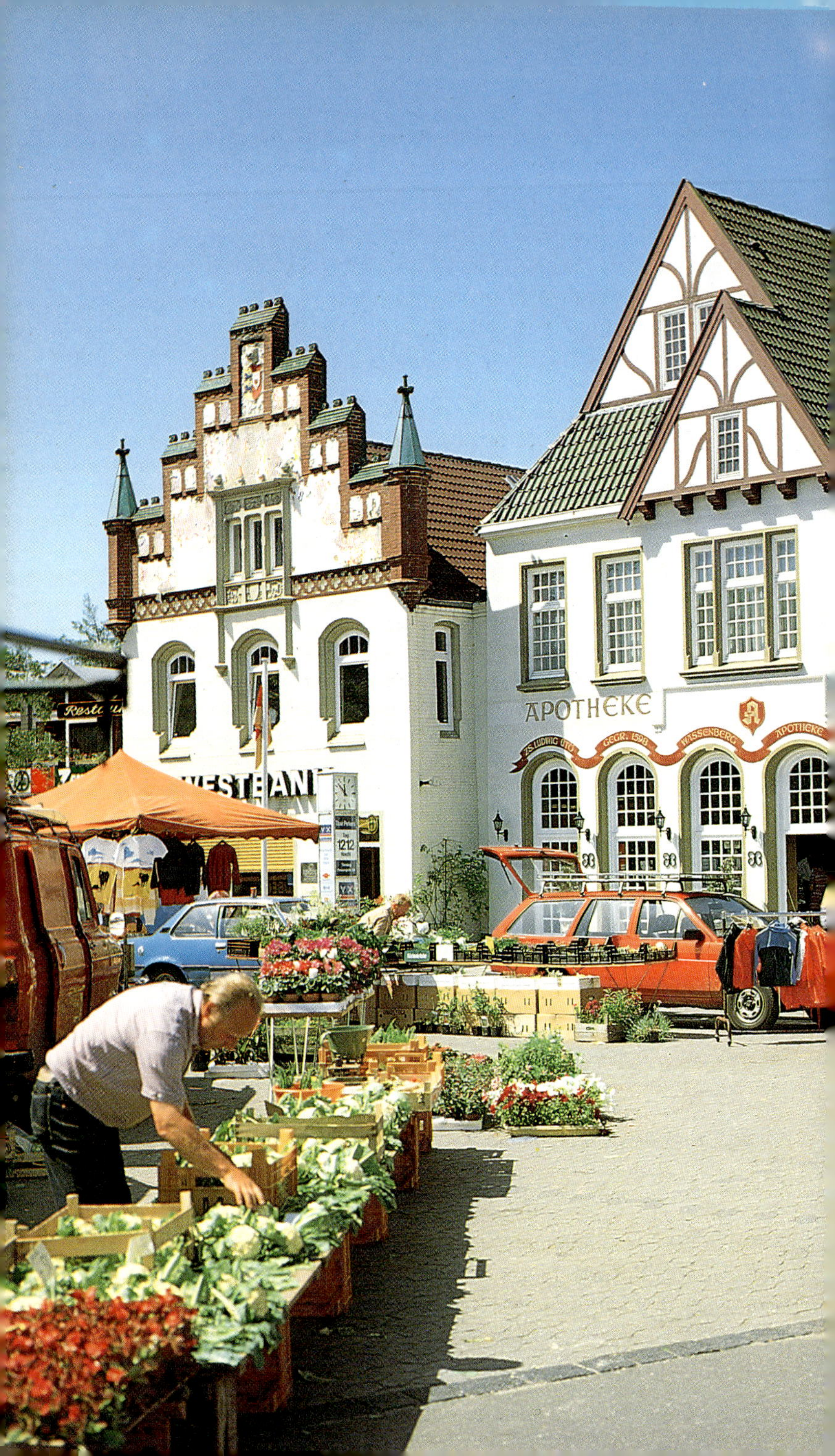
APOTHEKE
GEGR. 1598
WASSENBERG
APOTHEKE

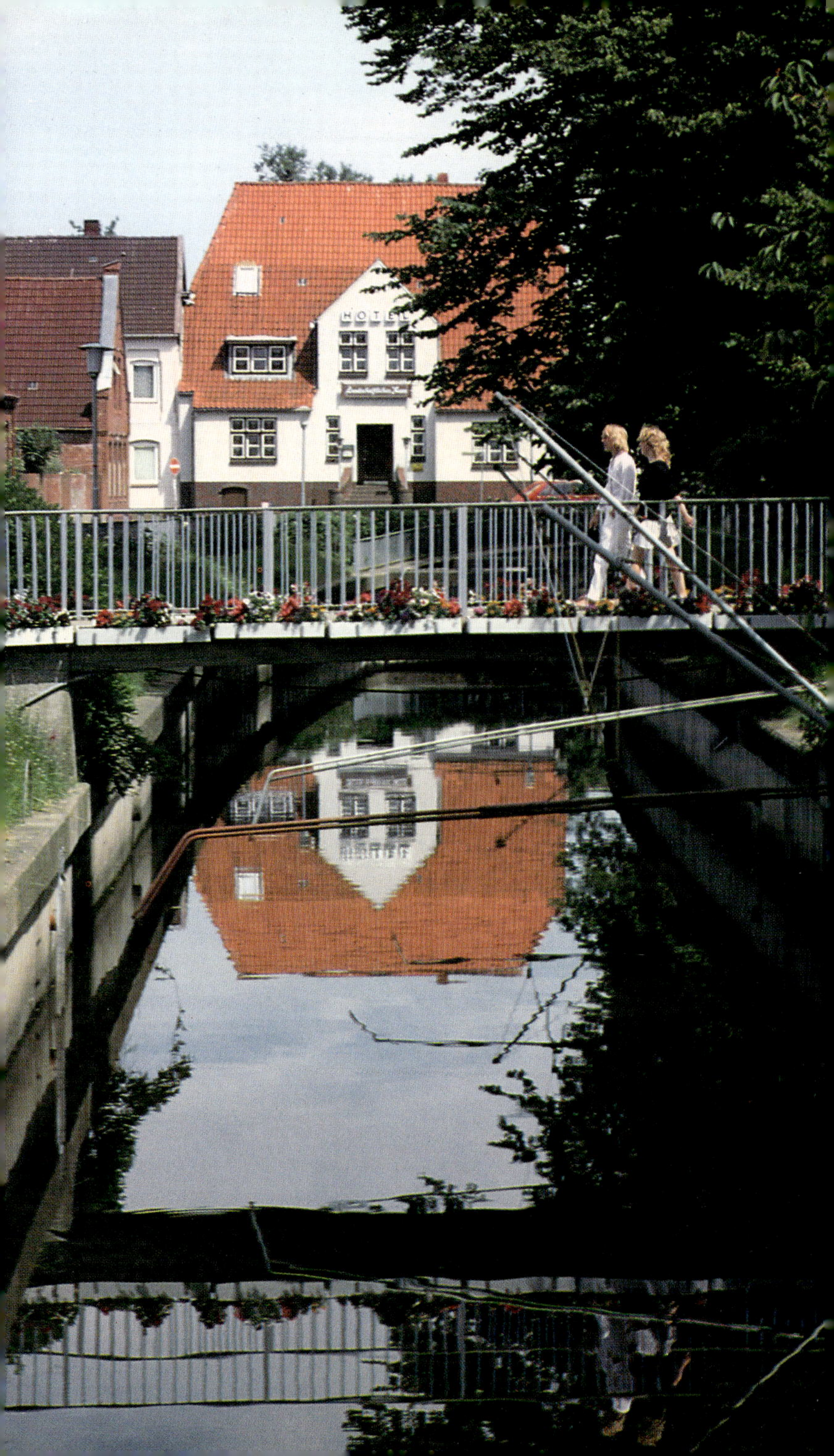
HOTEL

Der Staller wird beauftragt, sich mit »verständigen« Bürgern ins Benehmen zu setzen und dem Herzog ausführlich Bericht zu erstatten.

Die Tönninger Schiffer, dem Hafenprojekt sonst geneigt, kennen ihren Landesherren und bitten schon vor der Hafenfertigstellung um zwei Privilegien, nämlich »daß fremde Schiffer aus anderen Ländern und Orten, da wir keine Fracht, ehe ihre eigenen Schiffe beladen, hin widerumb nicht gestattet werden möge, allhir zu Tönningen Fracht zu nehmen, aldieweile wir mitt unseren Schiffen zu hauß und nicht befrachtet sein«. Dazu erbitten sie vom Herzog die Freistellung von der jährlichen Musterung, die meistens im Sommer durchgeführt wurde, »wan sie nicht bey hauß wohnen, sondern ihrer gewerbe auf see warten«, aber aus einer Randnotiz Johann Adolfs geht hervor, »sie sollen den frembden nicht vorgezogen und willig gleich ihren Nachbarn Gewehr und Rüstung halten«.

Gleichzeitig bemühen sich die Nachbargemeinden Tetenbüll und Kotzenbüll, den Herzog zum Bau einer »Binnenfahrt«, eines Kanals, zu bewegen, da besonders »zu winters zeitt die wege tieff und bös sein und die Pferde und Wagen in der Ab- und Zufuhr über die Maßen herrichten und verderben«. Der Herzog antwortet zustimmend und zeigt dadurch sein reges Interesse an der Verbesserung der Infrastruktur in und um Tönning herum. Im April 1613 befaßt er sich auch mit dem Bau einer »Binnenfahrt« zwischen Garding und Kating und ordnet an, daß der Bau »diesen sommer vollführet werden möge«. Auch zwischen Kating und Tönning ist ein Kanal, »de nye gruft«, vorgesehen, der den Schiffen aus dem westlichen Teil Eiderstedts ermöglichen soll, mit Binnenschiffen den neuen Hafen, den zentralen Handelsort Tönning zu erreichen. Alle wasserbaulichen Maßnahmen wurden von dem holländischen »Generaldeichgrafen« Johann Clausen Coth — genannt »Rollwagen«, weil er einfache Karren benutzen ließ — durchgeführt, und nach vielen Querelen

Seite 19: Bootfahrt,
alte Wasserstraße zwischen Tönning und Garding

— es fehlte an Bauholz, die Bauaufsicht war mangelhaft, die Finanzierung nicht gesichert — konnte der Bau der beiden Bootfahrten 1612, der des Hafens 1613 und der des Verbindungskanals zwischen Kating und Tönning 1615 abgeschlossen werden. Die Kosten für den Hafenbau beliefen sich auf rund 36.000 Reichstaler.

Am 18. September 1613 erläßt der Herzog eine Hafenordnung, die Sicherheit und zügigen Warenumschlag gewährleisten soll. Der Hafenmeister weist den Schiffen den Liegeplatz zu, entladene Schiffe müssen den Liegeplatz im inneren Hafen sofort räumen, und Massengüter wie Kalk, Steinkohle, Holz »und dergleichen« sollen sorgfältig von den zu ladenden Nahrungsmitteln wie Käse und Korn getrennt gelöscht werden. Schiffern, mit ihren »kleinen Apfelschiffen, item die Holtz- und Torfschiffe, welche die Masten legen und durch die Schleuse kommen können«, ist es erlaubt, direkt am 1595 gepflasterten Markt anzulegen, damit »von Bord« verkauft werden kann. Wichtig ist, daß Schiffe nicht quer im Hafen vertäut werden, da dadurch die Entwässerung des Umlandes durch die »Bootfahrt« behindert wird. Und um Feuer an Bord — auf den Holzschiffen der damaligen Zeit eine der schlimmsten Katastrophen — zu vermeiden, darf »bei Sommerzeiten, deß abends nach sieben, deß Winters aber des morgenß für sieben und des abends nach sechse« kein Feuer mehr entzündet werden.

Und der Handel über den Tönninger Hafen erweitert sich zum Welthandel. Nicht nur Schiffe aus dem näheren Umlande, aus Stade, Buxtehude, Emden, Bremen und Hamburg machten am Eiderhafen fest, sondern auch »Überseefrachter« mit den Heimathäfen Rotterdam, Amsterdam, aus Jütland (Dänemark), Schweden, Frankreich und England. Die Tönninger Schiffe, die rote Flagge mit dem gelben Schwan am Heck, befuhren die Ostseeroute bis Danzig, durchquerten den Ärmelkanal mit dem Ziel La Rochelle und Rouen und beteiligten sich am Westindienhandel.

Seite 22: alter Torfhafen (oben)
Seite 22: Hafenplan von Tönning 1702 (unten)

Eyder Strom

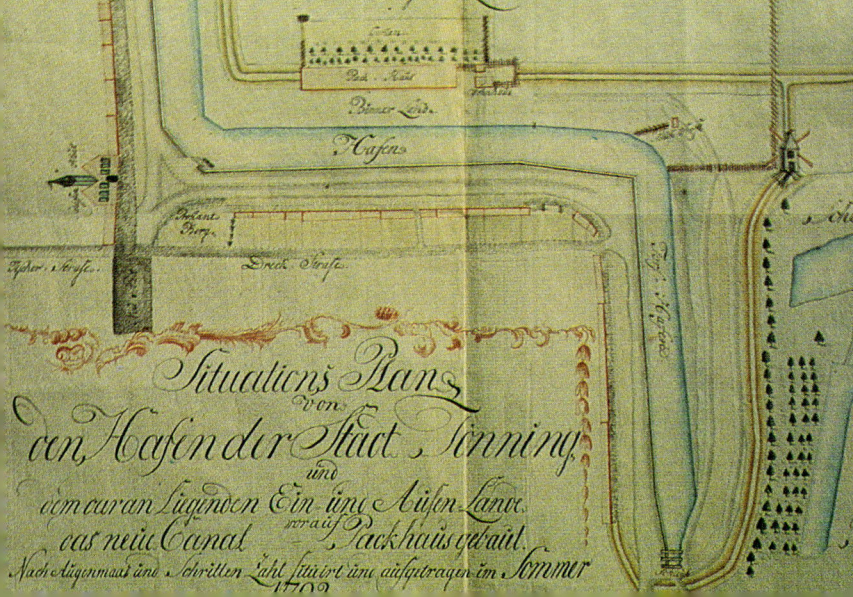

Aufen Land

Hafen

Situations Plan
von
den Hafen der Stadt Tönning
und
dem daran liegenden Ein- und Aufen Land,
das neue Canal voraus Packhaus gebaut.
Nach Augenmaas und Schritten Zahl situirt und aufgetragen im Sommer

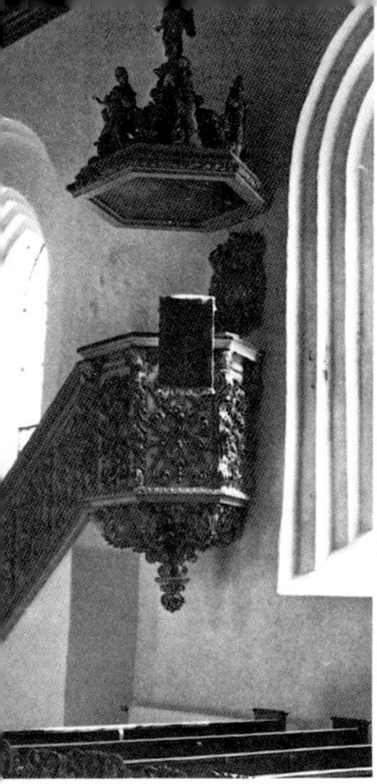
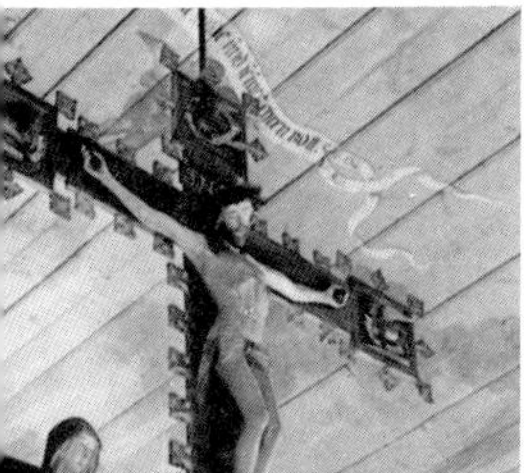
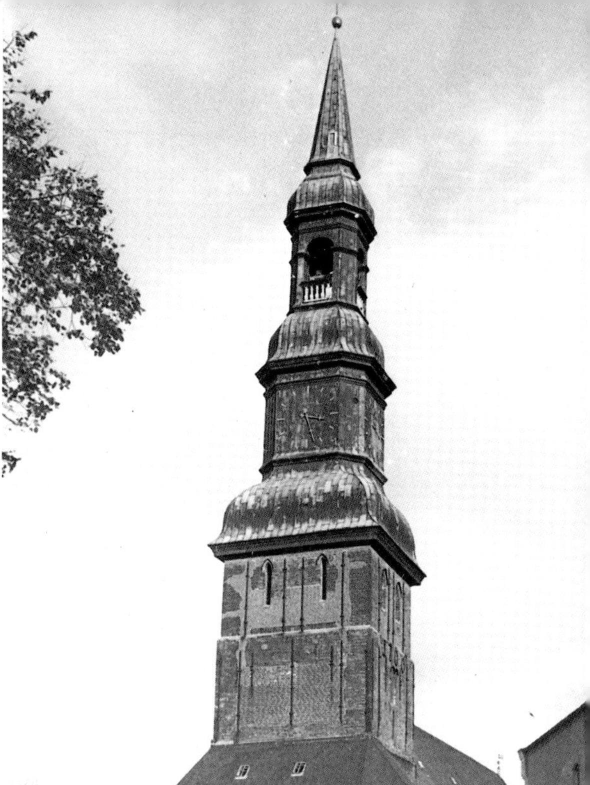
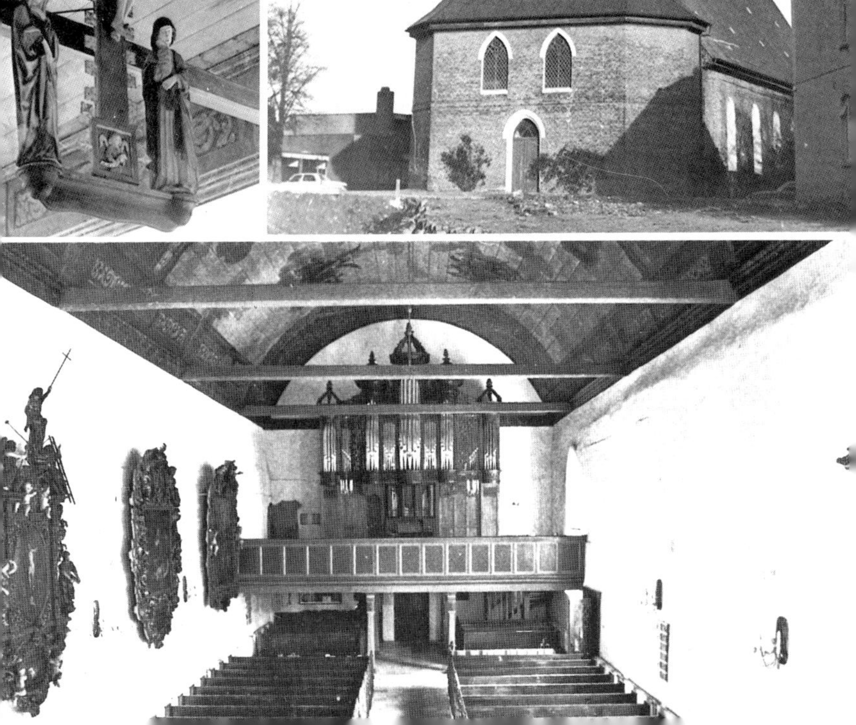

Hauptausfuhrware ist der Käse, der in verschiedenen Sorten, z. B. »Rother Maikäse, Alter Süßmilchkäse, Herbstkäse und Graßkäse« bis nach Holland verkauft wird. Daneben werden erhebliche Mengen an Getreide, hauptsächlich Gerste und Hafer verladen, während die Viehausfuhr wegen der Schwierigkeit des Verladens von Hornvieh weitgehend auf dem Landwege über die Eiderfähren durch Dithmarschen nach Hamburg vollzogen wurde. 1615 wurden nur »33 Pferde und Ochsen zu Schiff nach Holland und viele hundert über die Fähren und zu Lande ausgetrieben«. Dagegen liegen Angaben über erhebliche Exporte an Fellen und Häuten — 1624 waren es über 8.000 Stück — und Speck sowie Talg vor, Waren, deren Haltbarkeit auch eine längere Transportzeit ermöglichten.

Auch die nötigen Importe liefen weitgehend über den neuen Eiderhafen: Neben Salz, Hopfen, Holz als Brenn- und Baumaterial sowie Torf und Steinen finden wir in den Registern die Einfuhr von Eisen, Blei, Kupfer, Zinn, Farbstoffen, Gewürzen, Honig, Essig, Obst aus den Elbegebieten, Töpfer- und Glaswaren und »feine Textilwaren«; die Übersicht gibt also ein deutliches Bild von den Bedürfnissen der Bewohner Tönnings und Eiderstedt und zeigt, daß hauptsächlich Waren zur Lebensbewältigung — nicht in der Landschaft zu erzeugende Nahrungsmittel, Brennmaterial, Bauholz und handwerklicher Grundbedarf — in Tönning auf dem Seeweg eintrafen. Der Beginn des 17. Jahrhunderts war für die Stadt eine Zeit der Prosperität; der Handel über den Ort gedieh, die Einwohnerzahl wuchs: 1611 wurden 278 Wohngebäude »verschatzt«, 1623 waren es schon 371 Wohngebäude.

Neben der St. Lauritius-Kirche beherrscht das in den Jahren 1580-1583 erbaute Schloß das Stadtbild. Zum Bau »durfte« die Landschaft dem Landesherren 10.000 Mark lübisch und Baumaterial anbieten. Regelmäßig stattfindende Huldigungen der herzoglichen Familie durch die Repräsentanten

Tönninger Schloß (erbaut 1580-1583)

von Landschaft und Stadt wurden hier durchgeführt; zeitweilig war das Schloß auch der Sitz des Stallers.

Die steigende Zahl der Tönninger Bürger führte auch dazu, daß die »hiesigen Becker sich an den Magistrat supplicieren und vorstelleten, daß sie an den zwei Mühlen nicht genug hätten, da sich dieser Ort täglich mehre«, so daß sich bald drei Mühlen in Tönning befanden.

Der Umtrieb »schwärmerischer Sekten«, hauptsächlich der David Joriten, sorgte zwar für Unruhen, konnte aber eingedämmt werden, zumal auf Geheiß des Landesherren alle Schriften, die die ohne Zwischenfälle durchgeführte Reformation gefährdeten, eingezogen wurden. Wie weit aber auch in den friesischen Landen eine religiöse Unsicherheit kleine Gruppen der Bevölkerung erfaßte, zeigt die Erwähnung von Wiedertäufern, Muntzerianern, Hoffmannisten, Adamiten, Hinrich Nicolaiiten und anderen.

Interessant ist die Sozialstruktur der Bevölkerung in der Zeit nach der Stadtwerdung, als Seefahrt, Unternehmertum und Handwerk in der Stadt verstärkt Fuß gefaßt hatten und auch der in dieser Zeit sehr häufig vertretene Ungelernte seine Beschäftigung fand. Die Schiffer schlossen sich als erste zu einer Gilde zusammen. In ihrer »Beliebung« geben sie sich eine Satzung, die in ihren einzelnen Artikeln modern anmutet und auch die Versorgung der Hinterbliebenen regelt, wenn durch Gottes »Wedder und Wind« ein Schiffer sein Schiff verliert und umkommt. Jedes Mitglied sollte dann »dem Verlierer oder den Witwen und Waisen 2 Reichstaler geben«. Damit es in der von Herzog Friedrich III. 1623 gestifteten »stede ob den Diek«, in der Schiffergesellschaft, friedlich zuging, »schal ein jeder, he sie Mans oder Fruensperson, nach gehaltener Mahlzeit, up der Wehrdes oder Olderlüde Erforderung, sine Messer, Poek (Pike) oder andere scharpe Gewehr (Waffen) von sik geben«. Waren die Damen damals etwa bewaffnet? Und auch dem Alter trug man Rechenschaft. Der »jüngste Inkommling« sollte den älteren Gildebrüdern bei der Gesellschaft Kost und Bier auftragen. Damit der feucht-fröhliche Umtrunk seine Grenze hatte, besagte die Satzung, ein jeder solle »op den Kickenschlag 10, wo nicht ehr, nah Huß gahn«; hier stößt der Leser auf ein Deutsch, das sich von amtlichen Texten deutlich unterscheidet: die niederdeutsche Mundart, die Sprache der Fahrensleute, die Schlichtheit der Sprache und die große Unkonventionalität in der Rechtschreibung weisen darauf hin, daß hier eine Berufsgruppe in vernünftiger Selbstbestimmung sich Regeln auferlegt.

Neben den Schiffseignern, die sehr oft in eigner Sache handelten, und den Seeleuten spielen die Kaufleute bei der Vermögensbildung eine bedeutende Rolle. Für das Jahr 1623 wird das Kapital von nur 56 Händlern mit 483.424 Mkl. angegeben, eine für die damalige Zeit ungeheure Kapitalkonzentration. Kostete doch 1611 ein Demat Land 120 Mkl. Man möge ein wenig rechnen.

Und auch das Handwerk gedeiht, obwohl die Handwerker in der Stadt niemals eine führende Rolle spielen konnten. Aber der florierende Schiffsverkehr sorgte auch in diesem Erwerbszweig für ausreichende Beschäftigung, da neben der Versorgung der gegen 1620 die Grenze von 2.000 erreichenden Einwohnerzahl die Verproviantierung der Seefahrer, die Ausrüstung der Schiffe und der Schiffbau eine immer bedeutendere Rolle spielten. Schon in der ersten Hafenordnung von 1613 wird eine »Zimmerstette« auf der Südseite des Hafens erwähnt, und 1619 bittet Peter Cornelius, »Heuptmeister zu Tönning«, Herzog Friedrich III. um eine Konzession zur Erstellung einer Helling am Außendeich, »wo neue Schiffe gebaut, alte ausgebessert werden können«. Neue Berufszweige tauchen in den Einwohnerlisten auf, so ein Schiffsvisiteur, 3 »Tabacksspinner«, 2 Reepschläger, 1 Segelmacher, 1 »Berückenmacher«, 6(!)»Privatschulmeister«, (man wurde offenbar bildungsbewußt), 3 Buchbinder und 5 Goldschmiede.

Und auch die Post gibt es in Tönning: die »geschworenen Boten«

Mit dem Bedeutungsgewinn des Handels über den Tönninger Hafen entwickelte sich auch aus einfachsten Anfängen ein geordnetes und gut organisiertes Postwesen, das für die Händler und Kaufleute unabdingbare Voraussetzungen für die Abwicklung ihrer Geschäfte war. Bevor die Landesherren in der 2. Hälfte des 17. Jahrhunderts dazu übergingen, das »jus postale« für sich zu beanspruchen, beförderten privilegierte Boten und auch Unternehmer Briefe, Pakete sowie Geldsummen von Ort zu Ort. Lange gingen diese »geschworenen Boten« zu Fuß, bis sie später zur schnelleren Beförderung ritten oder ein Fuhrwerk benutzten. Ein Brief, den der Tönninger Magistrat wegen der Rücksendung abgetriebener Seetonnen an den Hamburger Bürgermeister richtet, braucht 15 Tage, doch es wäre vermessen, dem Boten Saumseligkeit oder gar »private Abstecher« zu unterstellen: die »gute alte Zeit« hatte auch ihre »unguten« Seiten, denn der Marsch eines Postboten von Tönning zur Hansemetropole an der Elbe durch die Marschen an der Nordsee über ungepflasterte Wege bei Regen und Wind stellte sicher eine ungeheure physische Belastung dar. Die erste Nachricht über einen zwischen Hamburg und Tönning verkehrenden Botenverkehr — zwei aufstrebende Hafenstädte geben sich die Ehre — entnehmen wir dem Archiv der Börsenalten zu Hamburg: am 20. Februar 1613 bittet der Rat der Stadt Tönning die Hamburger Börsenalten, nicht zustellbares Geld nach Tönning zurückzusenden. Zum Beweis der Einzahlung wird die Quittung des Boten überstellt: »Anno 1613, den 26. Jan. hebbe ich, Jacob Peters, vyff stück dyke Daler empfangen«. Für das Jahr 1643 ist bekannt, daß der vereidigte Bote Wilhelm Peters einmal wöchentlich nach Hamburg reisen und am Freitag abend zurückkehren sollte, »insofern er nicht durch Gottes Macht und bösem Gewitter daran gehindert werde«. Aber auch Veruntreuungen hat es schon gegeben; als Kaution mußte Peters 500 Reichstaler, eine erhebliche Summe, aufbringen.

Äußeres Zeichen des vereidigten Boten war das Stadtwappen, das deutlich sichtbar an Mantel oder Jacke befestigt war. Bis 1622 blieb das »jus postale« bei der Stadt Tönning. Dann unterstellte Herzog Christian Albrecht, der Begründer der Kieler Universität »Christiana Albertina«, das Postwesen seinem Medailleur (Prägemeister) Johann Christian Breuer, stößt aber auf den energischen Widerstand der Stadt, die erreichen kann, daß weiterhin ein privatrechtlicher Botendienst nach Hamburg bestehen bleiben kann.

Und sie fingen »Meerschwine, Störe ok bitwilen Rochen«: die Anfänge der Seefischerei in Tönning

Der Dithmarscher Chronist Neocorus lobt in seiner »Chronik des Landes Dithmarschen« den Fischreichtum der Eider; er erwähnt »Meerschwine, Störe, Laße, bit wilen Rochen, Sehanen, Steenbutte, Stinte, Salhunde«, aber von einer Erwerbsfischerei von Tönning ist bis zur Gründung einer Grönland-Kompanie im Jahre 1674 nichts bekannt. Im »Burgundischen Buch« des Tönninger Stadtarchivs finden sich handschriftliche Aufzeichnungen, nach denen »einige bediente und unterthanen Unser Stadt Tönning bei dem Herzog zu Schleswig-Holstein, Christian Albrecht«, angesucht, »eine Walfischfang-Compagnie daselbst zu stiften, weill sie durch das Exempel anderer Städte, welche bei dem Walfischfang durch Gottes Segen in gute Nahrung gesetzet, animiert und angefrischet wurden«.

Am 8. Dezember kommt die Erlaubnis des Landesherren, »zwey oder drey Schiffe auszureden, solche nach Grönland, unter Gottes Begleit, auf den Walfischfang ausgehen zu lassen«. Damit der Ertrag der neuen Erwerbsquelle nicht durch weitere Fanggesellschaften unrentabel verteilt wird, ergeht gleichzeitig der »Oktroy«, daß in den nächsten 20 Jahren in den Herzogtümern keine weitere Fanggesellschaft gegründet werden darf. Über die eigentliche Fangtätigkeit der Tönninger Kompagnie ist wenig bekannt. Sicher ist nur, daß sie zwei Schiffe in Fahrt hatten, von denen das größere, die »Christian Albrecht«, in Holland für 5774 Reichstaler gekauft worden war. Es muß sich um ein größeres Fahrzeug gehandelt haben, denn es führte 41 Mann Besatzung und hatte 6 Schaluppen als Fangboote. Doch der Erfolg bleibt aus: ein Schiff wird von französischen Kapern genommen und nach Dünkirchen gebracht, das zweite ist »gar verunglücket und geblieben«. Die Aktionäre der Gesellschaft zeigen sich wenig zahlungswillig, als »notwendige Nachschüsse« aufgebracht werden sollen, und 1682 wird das Unternehmen, vielleicht zu schnell unter spekulativen Aspekten gegründet, aufgelöst.

Über die nichtarktische Fischerei dieser Zeit ist wenig bekannt. Zwar berichtet Stephanus à Schoenefelde in seiner »Ichthyologia et Nomenclaturae animalium marinorum, fluviatilium, lacustricum« (Fischkunde und Namensverzeichnis von Lebewesen der Meere, der Flüsse, der Sümpfe), daß Fischer »Eiderostadi parte septentrionale« Butt und Schollen fingen und durch Salz konservierten, daß aber eine Erwerbsfischerei in Tönning oder Eiderstedt bestand, ist nicht bekannt. Aufschlußreich aus dieser Zeit ist nur, daß in der Eidermündung schon der Krabbenfang ausgeübt wurde, »ubi tanta copia extrahantur haec squillae, ut porcos et anates saginent« (wo eine so große Menge an Krabben gefischt wird, daß man Schweine und Enten damit mästet). Auch die Schweine werden mit dem Segen des Meeres gemästet! Allein eine Vermarktung für den menschlichen Konsum scheitert an den fehlenden Konservierungsmöglichkeiten. Aber als Delikatesse, wen wundert's, haben die Einwohner der friesischen »Uthlande« die Krabben schon akzeptiert!

Kriege erschüttern den Wohlstand der Stadt: Tönning als Festungsstadt

Die ersten Jahre des 30jährigen Krieges, dieser Europa erschütternden, machtpolitischen und auch religiösen Auseinandersetzung, die zum größten Teil auf dem Boden des Heiligen Römischen Reiches Deutscher Nation ausgefochten wurde, berühren Eiderstedt und Tönning nicht; der durch die Veränderung der landwirtschaftlichen Struktur und die Verbesserung des Deichbaus am Ende des 16. Jahrhunderts herbeigeführte wirtschaftliche Aufschwung der Landschaft kommt dem Warenumschlag über den Tönninger Hafen zugute und läßt die Finanzkraft des Ortes und die Arbeitsmarktlage stabil sein.

Allein, »mit des Geschickes Mächten...«: Ein Projekt Herzog Friedrich III., das dem Tönninger Handel langfristig Gewicht gegeben hätte, scheitert. Diese von merkantilistischen Ideen ausgehende wirtschaftspolitische Konzeption sah vor, den Handel von Persien bzw. dem Vorderen Orient nach Mitteleuropa über die Route Kiel-Friedrichstadt-Tönning zu ziehen. Bisher hatten die holländischen und englischen Kaufleute über ihre Ostindienkompanien in diesem Wirtschaftsraum dominiert.

Was diese auf dem Seeweg erreichten, wollte Friedrich III. auf dem Landweg über Rußland versuchen; Schweden wollte sich der Unternehmung anschließen, 1633 wurde ein entsprechender »Oktroy« (Vertrag) geschlossen. Der Hamburger Kaufmann Otto Brüggemann, der die erste Gesandtschaft nach Persien führte, verhandelte 1653 mit Schah Safi I. in Isfahan über ein Handelsabkommen. Und er hatte Begleiter mit bekannten Namen: der Kirchenliederdichter Paul Flemming (1609-1640), der Verfasser des Chorals »Morgenglanz der Ewigkeit«, und der Bibliothekar Adam Olearius machten die abenteuerliche Reise mit. Nachdem in Moskau lange Verhandlungen wegen der Durchreiseerlaubnis geführt worden waren, gestattete Zar Michael den Transithandel gegen Zahlung von 600.000 Rtl. jährlich auf 10 Jahre, eine Summe, die verdeutlicht, welche Gewinne »Spezereien« aus dem Morgenland abwarfen! Eine wahrlich umwälzende Idee eines Landesherrn, der seine Happen an dem blühenden Handel mit wertintensiven Waren fernöstlicher Länder erhalten möchte! Tönning und Friedrichstadt als Hafenstädte, die mit den Welthäfen der damaligen Zeit konkurrieren!

Aber der kühne Plan scheiterte an der Veränderung der politischen Landschaft. 1639 schließen die rivalisierenden Staaten Persien und die Türkei Frieden, der Mittelmeerhafen Smyrna — heute Izmir — ist nicht mehr blockiert, der Handel verlagert sich auf die Mittelmeerroute. Der Plan Friedrichs III., der zweifelsohne Tönning wirtschaftlich bedeutender gemacht hätte, war gescheitert!

Der langsame Niedergang der Stadt deutete sich im Schätzungsregister, der Steuerveranlagung, an: 1623 wurden noch 1.075.887 Mkl. verschatzt, 1630 waren es nur noch 758.314 Mkl. 1626 verloren die Dänen unter Christian IV. bei Lutter am Barenberge (nördlich von Goslar) gegen die kaiserliche Armee unter Tilly, dessen Heer die Elbe überschritt und die Greuel des 30jährigen Krieges nach Schleswig-Holstein trug. Der Kaiserliche Oberst Cerboni zog am 18. Oktober in Tönning ein und nahm sein Hauptquartier in dem herzoglichen Schloß. Die Besetzung der Stadt dauerte bis in den November des nachfolgenden Jahres; zum ersten Mal erlebten die Tönninger, was ein »Weltkrieg« bedeutete, und ein Augenzeuge berichtet resignierend: »Die Stadt war dergestalt zugerichtet, daß über 128 Häuser wüste standen und niedergerissen wurden, und alles, was in denselbigen war, ward verkauft oder verbrannt«. Und die Soldaten bringen eine neue Mode mit, die schnell um sich greift: Sie haben »allhier zum ersten Toback geraucht«. Neben dem »Rauch-Toback« machen die »Kayserlichen Soldaten« die sicher konservativen Nordfriesen mit dem »Thee und Coffee« bekannt, doch ein nachdenklicher Chronist, die Süchte der Gegenwart prophetisch vorwegnehmend, meint, es sei »der Gesundheit mehr schädlich als dienlich, auch wohl die wahre Ursache, daß die Leute anitzo nicht so stark wie vormals seyn«.

Kaum fingen die Einwohner an, sich von der Plage der Besatzungsmacht zu erholen, erhob sich die unberechenbare Natur gegen die Küste. In der Nacht vom 11. zum 12. Oktober 1634 gefährdete eine Jahrhundertflut, die nördlich von Eiderstedt den »Alten Strand« in die Inseln Pellworm und Nordstrand zerschnitt, Stadt und Einwohner: Deiche brechen, das Land wird überflutet, 34 Menschen ertrinken. Aber Zahlen geben sicher nur ein statistisches Bild einer Naturkatastrophe, die man eigentlich kaum mit Worten beschreiben kann; ein Mensch des 17. Jahrhunderts, nicht mit den naturwissenschaftlichen Erkenntnissen unserer aufgeklärten Zeit ausgestattet, um seine physische und wirtschaftliche Existenz ringend, muß sicher stark in der ambivalenten Landschaft an der Nordsee verwurzelt gewesen sein, um diesen Kampf gegen Wind und Wogen, gegen Windgeschwindigkeiten von über 100 km/h, gegen eine aus dem Lärm von anrollenden Brechern, die Schreie von ertrinkenden Menschen, dem Krachen von einstürzenden Häusern, dem Rufen und Schreien von Helfenden und Hilfsbedürftigen komponierte chaotische Sinfonie, der oft genug in einer Niederlage endete, zu bestehen und sich bewußt zu sein, daß die Herausforderung nie aufhören würde. Auch heute sollte man einer nur zu voreilig aufkeimenden Überheblichkeit leichtfertig keinen Platz einräumen, denn schnell kann sich wieder ein Vers des märkischen Dichters Theodor Fontanes bewahrheiten, denn »Tand, Tand ist das Gebilde von Menschenhand«. Es zeugt vom Aberglauben der Küstenbewohner, wenn ein Chronist nach der großen »Mandränke« zu bedenken gibt, die Katastrophe sei vorhersehbar gewesen, waren doch auf dem Eise Blutstropfen gefunden worden, war nicht Wild von der Geest nach Nordstrand geschwommen, hatten nicht die Bäume zweimal geblüht und eine Henne drei aneinanderhängende Eier gelegt! »Spökenkiekerei«, glaubt man, doch ist der moderne Mensch dagegen gefeit? Jede Zeitung bietet auch heute noch ihren Lesern ein Horoskop an!

In den Jahren 1644-1648 wurde Tönning zur Festung ausgebaut. Herzog Friedrich III. unterzeichnete die Urkunde, in der die Stadt zur zweitgrößten Festung im Herzogtum erhoben wurde. Die Baukosten betrugen 34 Tonnen Gold, eine für die damalige Zeit unvorstellbar hohe Summe, die nur im Vergleich zu anderen Preisen jener Zeit gewertet werden kann: 1 Tonne Gold entsprach 100.000 Taler Gold; für 3.400.000 Taler konnte man damals über eine Million Tonnen Weizen erwerben! Elf Bollwerke umschlossen die Stadt. Eine Karte, die der Husumer Kartograph Johannes Mejer 1648 von der Festung zeichnet, zeigt, daß die historische Innenstadt mit einer nordost-südwestlichen Ausdehnung von nur 1,5 km im Ernstfalle den verteidigenden Soldaten nur wenig Raum bot und eine Belagerung über längere Zeit kaum erträglich sein würde. Und der Ernstfall kommt 1658, als Herzog Friedrich III. sich im Krieg gegen Dänemark in die Eiderfestung zurückziehen muß. 1660 blockiert der dänische Feldmarschall Eberstein die befestigte Stadt, und 1675 kommt es zur Übergabe, obwohl der Festungskommandant, H. Walter, sich geweigert hatte. Der Herzog ordnet die Übergabe an, und der Magistrat und die Bürgerschaft leisten erstmalig einem dänischen König den Huldigungseid. Die Festung wurde geschleift, die Geschütze nach Rendsburg gebracht. 1689 erhält nach Abschluß des Altonaer Friedens Herzog Christian Albrecht — Friedrich III. war nach 43 Jahre dauernder Regierungszeit in Tönning gestorben — die Stadt zurück und läßt sie zum zweiten Male befestigen. 1697 stießen die Dänen erneut gegen Tönning vor, konnten aber nur geringe Erfolge erzielen.

Plan der Festung Tönning

Der Nordische Krieg (1700-1714) brachte für die gebeutelte Stadt erneut schwere Zeiten. Dänische Truppen erschienen vor Tönning, und die Übergabe wurde gefordert, aber die Festung konnte sich halten, obwohl in »8 Tagen 5.670 Bomben auf die Stadt geworfen seyn« sollen, die auch den Kirchturm von St. Laurentius zerstörten, »doch kamen durch den Fall keine Menschen um«. Erst der Entsatz der Festung durch den Kurfürsten von Hannover und den Herzog von Celle sowie durch schwedische und holländische Truppen konnte den Belagerungsring sprengen. Doch ruhige Zeiten waren dem Ort noch nicht beschieden. 1713 rückte der schwedische General Stenbock, von Russen, Dänen und Sachsen verfolgt, in die Stadt ein. Tönning wurde 3 Monate belagert, und auch als die Schweden die Festung verließen, wurde die Belagerung bis zum Februar 1714 fortgesetzt. Doch dann waren die Kräfte der Bevölkerung erschöpft. Über 2.000 Menschen waren in der übervölkerten Stadt, in der teilweise über 20.000 Menschen zusammengepfercht waren, gestorben. Ein Zeitgenosse berichtet, daß »keine Schuhe mehr gemacht werden konnten, man aus Mangel an Lichtern im Dunkeln sitze und sich mit Wasser und Brot behelfe, das man auch nicht immer bekommen könnte«.

Es waren »keine Särcker« mehr vorhanden, weil »viele Leute sterben: sothane (d.h.: solche) Leichen auf dem Kirchhof zu begraben haben die Medici nicht ratsam befunden, so sollen zwey Kirchhöfe, umb die Leute, so keine Särcker haben, vor dem Norder- und Wester-Tor zu begraben, angewiesen werden, die aber — so Särcker haben, werden auf dem Garnisons-Friedhof begraben«. Man fürchtete den Ausbruch neuer Seuchen, nachdem die Pest schon gewütet hatte.

Im Mai 1714 wurde der Festungsgraben zugeschüttet, die Geschütze entfernt und nach Rendsburg gebracht und die Bollwerke geschleift; Pulvermagazine, Tore und Mauern wurden gesprengt; Tönning war wieder eine »offene Stadt«. Der Niedergang der Stadt war nach dem Nordischen Krieg nicht

Die Bombardierung von Tönning 1700

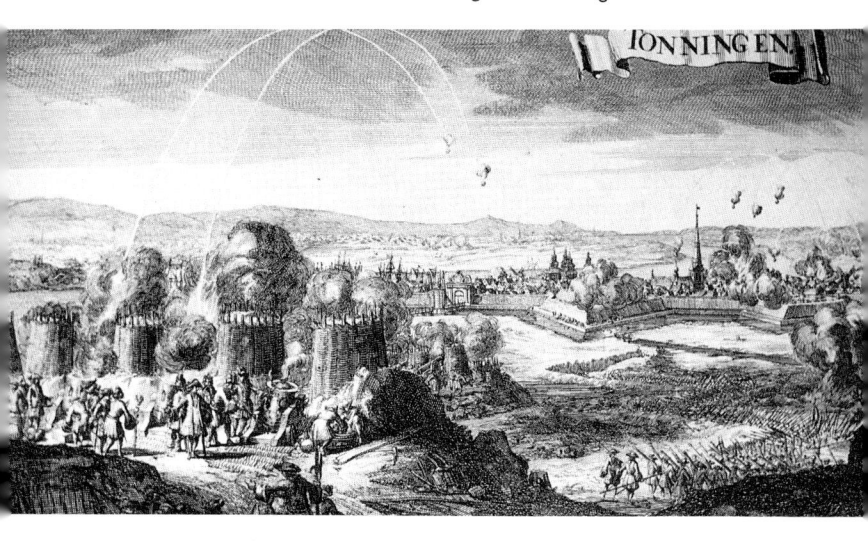

mehr aufzuhalten, 1735 wurde das Schloß abgerissen, wodurch »denn die Stadt einer großen Zierde beraubt wurde«. Und auch die Nordsee zeigte sich unerbittlich. Als im Jahre 1755 »Lissabon durch Erdbeben zerstört wurde, stieg das Wasser in der Eider bei stillem Wetter am Allerheiligen-Tage, morgens 11 Uhr, plötzlich 3 Ellen hoch, so daß die Schiffstauen von den Pfählen im Hafen losgerissen wurden«.

Der Kanal kommt: Ein Wasserweg zwischen der »Ostsehe und der Westsehe« entsteht

1716 hatte Tönning »nicht mehr als 10 Schiffe« mit eigenen Schiffern, von denen die Hälfte ausschließlich die Eiderschifffahrt betrieb. Nur wenige Schiffseigner segelten nach Holland, Hamburg oder Newcastle. Für das Jahr 1721 heißt es von der Stadt, daß sie »ganz ruiniert sei aus der Belagerung und der darauffolgenden Schleifung der Befestigungsanlagen«. »Quo vadis?« könnte man fragen, doch die Wirtschaftspolitik der dänischen Könige verhalf der Stadt zu einer neuen, wenn auch nur langsam an Profil gewinnenden

Blüte. Der »Schleswig-Holsteinische Canal« wurde, nachdem schon der Gottorfer Herzog Adolf I. 1571 mit dem Ansinnen, einen Kanal »zwischen der Ost-Sehe und der West-Sehe« zu graben, damit »die Kauffmannswahren und gutter ohne alle Gefahr und Abenteuer Wetters und Windes halber auf lengste in dreyen Tagen« über die Cimbrische Halbinsel transportiert werden könnten, an den deutschen Kaiser Maximilian herangetreten war, Oktober 1784, nach siebeneinhalbjähriger Bauzeit, fertiggestellt. Er verband Rendsburg mit Kiel, so daß jetzt die Schiffe, die Untereider nutzend, von Kiel bis Tönning den Binnenwasserweg benutzen konnten. Der Kanal war 34 km lang und 3,5 m tief; seine Breite betrug auf dem Wasserspiegel 31 m. An den beiden Ufern waren Treidelpfade angelegt, denn bei Gegenwind mußten die Schiffe von Pferden, die in verschiedenen Pferdestationen vermietet wurden, gezogen werden. Brieftauben dienten der Nachrichtenübermittlung: sie überbrachten den für größere Schiffe benötigten Lotsen die notwendigen Informationen.

Von Tönning bis Holtenau benötigten Segler 3-4 Tage, Herzog Adolf I. hatte also »ein prophetisches Gemüt« bewiesen, als er schon 1571 die Reisedauer entsprechend schätzte! Ein Zeitgenosse urteilt über den neuen Kanal enthusiastisch: »Soviel ist gewiß, daß der Kanal und die Schleusen Werke sind, die in der Vollkommenheit der Ausführung nicht übertroffen werden können. Sie verdienen in der Tat mehr als die Pyramiden Ägyptens und die Gärten der Semiramis unter die Wunder der Welt eingereiht zu werden«. »Made in Germany« — und dabei ein Zitat aus dem Munde eines Engländers, der seine Reiseerlebnisse veröffentlichte. Jetzt würde für Tönning, bis dahin »einem Dorf bald ähnlicher«, eine neue »aurea aetas« anbrechen.

Ein riesiges Packhaus wurde zur Aufnahme von umzuschlagenden Waren schon 1783 errichtet, und ein Altonaer Reisender steht staunend vor dem erbauten Leviathan, »das 256 Fuß (77 m) lang, 46 Fuß (14 m) breit ist und 3 Böden und

Das Tönninger Packhaus (errichtet 1783)

Raum für 15.000 t Getreide hat«. Heute ist ein Teil dieses monumentalen Gebäudes zu einem Ausstellungsraum für Heimat- und Schiffahrtsgeschichte umgestaltet worden.

Waren aus aller Welt passieren jetzt Tönning oder werden dort umgeschlagen: Flachs und Dachziegel aus Dortrecht, Früchte aus Rouen, Wacholderbeeren aus Rostock, »Liqueur« aus Danzig (Danziger Goldwasser), Teer, Pech und Tauwerk aus Schweden und Wachs, Hanf sowie Butter aus Libau. Schiffe aus England, Holland, Schweden, Rußland und Kurland machen vor dem Packhaus fest, die Atmosphäre der Stadt wird internationaler, das Sprachengewirr babylonischer, der Profit gedeihlicher, auch wenn die geringe Agrarproduktion des Tönninger Hinterlandes — von 1762-1782 verhinderten Mißernten die Erzeugung landwirtschaftlicher Überschüsse — den Export eigener Produkte stark behinderte. Dafür prosperierte das Handwerk, und auch der Tönninger Händler konnte nicht klagen, »da die Schiffe hier anlegen müssen und nicht leicht eins ohne Proviant zu nehmen aus Tönning geht, welches zuweilen sehr bedeutend ist, und wenns auch nur 10 Thaler an Wert seyn sollte, durch die Menge immer ein Ansehnliches zur Konsumption beiträgt«. »Krämer, Schlachter und Bäcker finden Absatz an die Schiffer«, berichtet ein aufmerksamer Zeitgenosse, und neue Erwerbszweige entstehen: es gibt jetzt eine Lohgerberei, Stärkefabriken, Brauereien, eine Reepschlägerei und eine Ziegelbrennerei. Auch die Spediteure ziehen Gewinn aus dem Kanalverkehr, da jetzt ein größeres Warenangebot, »so vor Dezennien noch nicht zu haben war«, zur Verfügung steht und von den Bewohnern des Umlandes begehrt wird, so z. B. Kaffee, Tabak, Zigarren und verschiedene Gewürze.

Tonnen und Baken sorgen für Sicherheit: die Anfänge des Seezeichenwesens auf der Eider

Die durch den Bau des »Schleswig-Holsteinischen Canals« stark belebte Eiderschiffahrt zwang zu einer Verbesserung des Seezeichenwesens, besonders im Bereich der Eidermündung.

Schon bald nach der Verleihung des Privilegs, »Tonnen und Backen auf dem Eyderstrom zu halten«, macht die Stadt davon Gebrauch, zumal sie sich aus den Gebühren für diesen »nautischen Kundendienst« fiskalische Vorteile verspricht. Seekarten des 17. Jahrhunderts legen Zeugnis davon ab, daß das Tonnen- und Bakenrecht fachkundig genutzt wurde: kegelförmige Tonnen markieren das gefährliche Eiderfahrwasser; Pricken — in den Wattboden gesteckte Strauchbesen — ergänzten diese Seezeichen; landfeste Marken, Kapen genannt, dienten der Groborientierung. Und der Tonnen- und Bakenmeister konnte von der Stadt bestimmt werden, obwohl, wie sich bald zeigt, dieses Privileg dem Landesherrn ein Dorn im Auge ist: Am 25. September 1708 schreibt Herzogin Hedwig Sophia aus Stockholm, daß »der in der Ahrensharde Hardenvogt gewesene Johann Meyboom sie gebeten,

Feuerschiff Außeneider

ihn zum Tonnenmeister von Tönning zu machen«, aber da die Besetzung »solcher Vacanse von Unseren Vorfahren euch zugestanden«, so bringen sie Meyboom »in Vorschlag«, da aus bewegenden Ursachen sie ihn gern »vor anderen« beachtet wissen möchte. Die Obrigkeit sorgt sich um ihren Schützling, und die Stadt bemerkt es, denn die »Vakanz sei, um Salari zu sparen«, nicht mehr zu besetzen. Allein die Obrigkeit obsiegt, und Meyboom, kaum eingesetzt, zeigt sich als äußerst unzuverlässig: es gibt »Abgang« bei den Tonnengeldern, die Rechnungsführung ist mangelhaft, der Dienst »wird mehr durch seine älteste Tochter als durch ihn selbst« versehen, und man bittet, Meyboom entlassen zu dürfen, »damit die Stadt dieses höchst schändlichen Jammers entfreyet«. Doch die Obrigkeit kann sich erneut durchsetzen, Meyboom bleibt — wenn auch nach dienstlichen Verweis — im Amt! Auch damals gab es schon Querelen um Kompetenzen.

Die Gebühr regelte eine »Rolla des Tonnen-, Baken und Kapengeldes«, die ständig, den verändernden Ein- und Ausfuhren entsprechend, den wirtschaftlichen Gegebenheiten angepaßt wurde. 1794 kommt es, nachdem schon lange einheimische Lotsen ortsfremden Schiffen ihre Dienste angeboten haben, zu einem Zusammenschluß der Lotsen: eine »Lotsenbrüderschaft« entsteht, die bald die Anerkennung durch die »Königliche Canal-Aufsichts-Commission zu Rendsburg« erfährt.

1815 bezieht mit der »Eider-Lootsen-Galliote« das erste »Feuerschiff« der Deutschen Bucht vor der Eidermündung seine Position. Es hat ein Wippfeuer, eine am Mast befestigte Schaukel, an deren einem Ende Öllampen den Schiffahrtsweg markieren. 1868 wird die Sicherheit der Seefahrt durch das Feuerschiff »Außeneider« weiter verbessert. Die Anzahl von 60-80 Seetonnen zwischen der Ansteuerungstonne und dem Tönninger Hafen legt ein beredtes Zeugnis von der Schwierigkeit ab, die Fahrwasser im Mündungsbereich eines Flusses, der in das Wattenmeer fließt, zu befahren. Wer heute an Bord eines Ausflugsschiffes das Panorama der Uferlandschaft genießt, sollte nicht vergessen, daß bis in die Anfänge des 20. Jahrhunderts hinein, eine sich ständig erneuernde Herausforderung war, mit einem besegelten Fahrzeug das vielfach gewundene und durch Sandaufspülungen sich ständig verändernde Fahrwasser der Eider zu bewältigen.

Seezeichen sind heute noch ein Wahrzeichen der Stadt. Der Tonnenhof des Wasser- und Schiffahrtsamtes Tönning lohnt eine Besichtigung: Seezeichen von imponierender Größe, in grellen Farben, die die Funktion kennzeichnen, grün, gelb und rot bemalt, verblüffen den Betrachter, und für Neugierige sei die Frage nach dem »Einzugsbereich« beantwortet: Das Wasser- und Schiffahrtsamt in Tönning ist für die Leuchtfeuer von der dänischen Grenze bis Brunsbüttel, für die Betonnung der Eider und für die Nebentonnenhöfe auf Helgoland, in Husum, Büsum und Amrum zuständig!

Tönning als »Welthafen«:
Napoleon machte es möglich!

1799 wurde in Tönning eine Navigationsschule errichtet, ebenfalls eine Examinationsbehörde, »wodurch den Einwohnern mancher Vorteil erwuchs«. Und die Ausgaben aus der Armenkasse sanken: 1784 betrugen sie 4.652 Mkl., 1793 nur noch 3.240 Mkl. Ein Politiker der Gegenwart hätte gesagt: »Wir konnten uns leisten, die Sozialausgaben um 30 % zu senken«! Allein eine Hoffnung erfüllt sich nicht, daß nämlich Tönning »mit der Zeit die Schiffahrt nach Altona, Hamburg und ganz Deutschland an sich hängen könne«.

Erst die Gunst der politischen Konstellation erhob Tönning 1803 zu einer Stadt, die Bedeutung für den Handel Nordeuropas hatte. Nicht die Produktivität der Eiderstedter Landschaft, die vor 200 Jahren das Fundament erhöhter Schiffsfrequenzen im Hafen bildete, war der Grund, sondern die wirtschaftspolitischen Maßnahmen der im Napoleonischen Zeitalter kriegführende Mächte England und Frankreich und, ab 1807, auch des Gesamtstaates Dänemark. Als Napoleon im Sommer des Jahres 1803 das Kurfürstentum Hannover, dessen Landesherr der englische König Georg VII. war, besetzte und sich gleichzeitig der Städte Lauenburg und Cuxhaven bemächtigte, reagierten die Engländer auf diese Beeinträchtigung des Elbehandels mit einer Blockade von Weser und Elbe, um »dadurch freie Elbschiffahrt zu erzielen«. Die Folge dieser Anordnung war, daß Tönning zum wichtigsten Stapelplatz der Nordsee wurde, denn die Hafenstadt lag in dem noch neutralen dänischen Gesamtstaat. Tönning wurde zum »Hafen Hamburgs«. Alle nach Hamburg bestimmten Schiffe liefen den Eiderhafen an. Der Weitertransport der Waren vollzog sich auf zweierlei Weise. Kleine Schiffe übernahmen die Güter und brachten sie »über die Watten längs der Dithmarschen Küste directe nach Hamburg«, ein Weg, der im Winter, »bey Eisgang sehr gefährlich« war. Der zweite Weg war die

Landroute von Tönning über Itzehoe nach Hamburg oder von verschiedenen kleinen Ladeplätzen am Mittellauf der Eider aus, von wo die Waren über Heiligenstedten und Wilster nach Hamburg gelangten.

Tönning war am Anfang der Elbblockade nicht auf den großen Warenumschlag vorbereitet. Aufnahme, Lagerung und Expedierung der Güter ließen zu wünschen übrig. »Die Empfänger der Güter schrien laut über Unordnung, Verwahrlosung, Verderb der Waren, Veruntreuung und Verschlimmerung während des Transportes«. Das Bild änderte sich aber schnell; wo der Profit winkte, sparten Tönninger und Hamburger Kaufleute weder Mühe noch Kosten, »durch zweckmäßige Mittel den Transport und Verkehr zu erleichtern, die Zahl der Jollenführer zu vermehren, tüchtige Arbeitsleute, woran es fehlte, und Küper herbeizuschaffen«. Die Mieten für Lagerräume und Büros stiegen. Für ein kleines Haus wurden 2.000 Reichstaler Miete jährlich gezahlt. Ein Hamburger Gastwirt nutzte die Konjunktur und »etabliert ein Hotel in Tönning, das mit viel Beifall beehrt wird«.

Am Anfang der Elbblockade legten auch die englischen Passagier- und Postschiffe in Tönning an, »und viele Reisende hohen Standes, welche vor den Franzosen aus Deutschland geflohen waren, trafen hier ein, um sich per Paketschiff nach England hinüberzubegeben«. Als jedoch in Tönning die Übernachtungsmöglichkeiten immer schlechter wurden, lief der Reiseverkehr weitgehend über Husum.

Der Warenumschlag war bedeutend, koloniale Einfuhrgüter wie Kaffee, Tee, Tabak und Kakao wurden über den Eiderhafen dem Hamburger Markt zugeleitet, darüber hinaus Steinkohlen aus England, Salz, Eisenwaren, alkoholische Getränke und Manufakturartikel.

Die Speisekarte der Tönninger wurde durch den regen Handel verfeinert. Seit der Elbblockade »wechseln die hiesigen fetten und schweren Speisen mit manch leichteren Nahrungsmitteln ab«, und immer häufiger mag die Tönninger Hausfrau statt des deftigen Grünkohls ein Cordon bleu auf den Tisch gebracht haben.

Der Hafen wurde für die ankommenden Schiffe zu klein. Die großen Fahrzeuge, bei denen wegen des ständig sich verändernden Fahrwassers die Gefahr des Auflaufens bestand, mußten auf der Reede ankern. 1804 liefen 600 bis 700 Seeschiffe »Tönning von auswärtigen Häfen an, Holland nicht einmal mitbegriffen«, berichtet ein englischer Kaufmann. Laden und Löschen war reglementiert, und die Frachtschiffe und diejenigen, »welche Manufactur-Waren für die Messen geladen hatten, gehen den übrigen beim Löschen vor«. Um 22 Uhr hieß es »Lichter und Lunten aus«, und ein Schuß aus der Kanone eines Wachschiffes machte es allen Seeleuten nachdrücklich deutlich.

Vorbildliche Quarantäneverordnungen verhinderten das Ausbreiten von Infektionskrankheiten; neben dem »Lootsen-Inspektor Brarens« und dem »Lieutenant bey der Landwehr und Kaufmann Lexow« sorgte der »Dr. und Physikus Vermann« für die Einhaltung der erlassenen Gesundheitsbestimmungen. Vor Vollerwiek wurden alle einlaufenden Schiffe von »Observationsfahrzeugen« gestoppt, und nur unverdächtige Fahrzeuge erhielten eine Legitimationskarte, die zur Weiterfahrt berechtigte.

Auch das Stadtbild Tönnings änderte sich: neben der Hafenmündung »wurden große, hölzerne Buden, zu Theil auf Pfählen, damit die hohe Flut sie nicht über den Haufen werfen könne«, errichtet und darauf Getränke und andere Kleinigkeiten Matrosen und dergleichen Leuten feilgeboten. In dieser Vorstadt, welche der Volksmund »Stelzendorf« benannt hatte, wurden aber auch die größten Ausschweifungen betrieben, viele verworfene Menschen beherbergt, gestohlene Sachen dem Schiffsvolk verkauft, weshalb sie bald wieder hinweggeräumt werden mußten«. Auch »dames d'amour wanderten in Menge ein«. Tönning hatte jetzt seine »Reeperbahn«!

Anständige Damen hatten es schwer in dieser Zeit. Ein Zeitgenosse berichtet: »Es war ein Vergnügen, längs allen Schiffen am Strand lustwandeln. Nur mußte man diese Promenade nicht in Gesellschaft anständig gekleideter Frauenzimmer unternehmen, denn gleich erscholl vom ersten Schiff ein Pfeifen und Flöten, welches nur bei dem letzten verstummte. Das schöne Geschlecht konnte sich also nur von Ferne dieses Anblicks erfreuen«.

Ein englischer Spekulant mietet in der Nähe Tönnings eine Landstelle mit Garten; der Stall wurde »durch Maler und Tapezierer schön geschmückt, die Dreschtenne zu einem Tanzsalon, die Viehställe zu Spielzimmern umgestaltet«. Danz op de Deel, auch schon am Anfang des 19. Jahrhunderts!

Doch auch die Nordsee meldet sich in dieser Zeit der Scheinblüte einmal zu Wort. In der Nacht zum 9. Mai 1805 brach ein Sturm aus Südwest los, der »fast alle auf der Tönninger Reede liegenden Schiffe in Havarie brachte«. Die westlich der Hafeneinfahrt ankernden Schiffe gerieten ins Treiben und rissen die östlich ankernden Schiffe von der Verankerung. »Viele der kleineren Fahrzeuge, die nicht fortkonnten, wurden zerquetscht und in den Grund gedrückt«.

Am nächsten Tag zeigte sich, daß über 70 Schiffe vor Wollersum (am Dithmarscher Ufer) gestrandet oder im Fahrwasser gesunken waren. Auch 10 der nachts das Fahrwasser markierenden Lichterschiffe hatten dem Sturm nicht standgehalten. Ein schwarzer Tag für Lloyd's Versicherungen! (Edward Lloyd's Kaffeehaus in London wurde ab Ende des 16. Jahrhunderts Zentrum der Seeversicherer und Schiffsinteressenten. 1871 wurde die Vereinigung von Einzelversicherern auch staatlich anerkannt).

Aber auch menschliches Versagen führt zu einem Schiffsunglück auf der Tönninger Reede. Das Hamburger Schiff »Leopold«, beladen mit alkoholischen Getränken, geriet in Brand. »Ein Matrose konnte der Anziehungskraft der ihm so unvergleichlich köstlichen Ladung nicht widerstehen, stieg mit einem unbedeckten Licht in den Schiffsraum und addressierte sich an ein Faß Rum; wie er sich dabei benahm, weiß man nicht, genug, er setzte das Schiff in Brand«. Die Mannschaft kappte die Ankertaue; das Schiff trieb im Ebbstrom westwärts und strandete eine halbe Meile südlich von Tönning an der Küste Dithmarschens. »Schön war der Anblick«, urteilte ein Beobachter, »als um 10 Uhr abends die Flammen plötzlich Mast und Segel ergriffen und diese in einer Viertelstunde verzehrten«.

Am 9. Oktober verfügte der englische Außenminister die Aufhebung der Elbblockade; der Weg nach Hamburg war frei. Die Schiffe verließen Tönning, »in der Meinung, daß nun alles vorüber sey«, doch schon nach einem halben Jahr, im April 1806, erneuerte England die Blockade, und »Zugvögeln gleich kehrten die Fremden wieder und begannen ihre Geschäfte von neuem«. Ungestört und lebhaft verlief der Handel von und nach Tönning bis zum August 1807. Doch dann stockte der Schiffsverkehr. Die englische Flotte war vor Kopenhagen erschienen und hatten sich als Präventivmaßnahme der dänischen Kriegsschiffe bemächtigt. Dänemark mußte England den Krieg erklären und verdichtete damit die Reihe der europäischen Küstenstaaten, die die Napoleonische Politik der Kontinentalsperre durchführten oder durchführen mußten. Englische Schiffe, die nicht rechtzeitig den Hafen verlassen konnten, wurden »an die Kette gelegt«.

Tönnings Bürger reagierten auf das Vorgehen der Engländer sehr unterschiedlich. Die Zünfte, ergrimmt über die widerfahrene Schmach, schickten Silbergerät an die (dänische) Regierung, »um ein Schiff zu kaufen«, und Privatleute gaben ihr Geld dazu. Ein Schiff, das Kaperkrieg gegen England führen sollte, wurde auch gekauft, es hat jedoch nie an Kampfhandlungen teilgenommen und blieb »solange in Husum, bis es auseinandergeschlagen und verkauft wurde«. Auch von anderen Tönninger Patrioten wurden Kaperschiffe ausgerüstet, »die zwar einige Prisen, aber gewiß keinen großen Segen brachten«.

Diejenigen Einwohner, die in der Kaperung der dänischen Flotte eine berechtigte Maßnahme der Engländer gegen Napoleon sahen, urteilten anders. Die Bürger, die die Kaper gegen England ausgerüstet hatten, »müßten bedenken, daß ihr Ort eben besonders durch die Nation bereichert worden wäre, deren Eigentum sie nun mittels Gewalt zu dem ihrigen machen wollten, daß tadelnswerthe Handlungen der Regierungen nicht der Nation angerechnet werden dürften, da diese oft ungern und mißbilligend jener ihrer Kräfte leiht, daß der Handelsstand die Völker des Erdkreises in Verbindung setzen, nicht der Politik huldigen und sich nur Störung der Harmonie der Verschlimmerung des Zwiespaltes hergeben sollte«. Überzeugende Worte, die sicher ihre Gültigkeit nicht verlieren werden!

Im September 1807 hatten die Engländer die bis dahin dänische Insel Helgoland erobert. »Die Insel war mit allen überseeischen Waren auf's reichlichste versehen«. Tönnings Lage zu Holland war günstig, der Mangel an kolonialen Waren, besonders an Zucker, Tabak und Kaffee, war in den Herzogtümern groß.

Schmuggler, Einheimische, die mit den besonderen Schwierigkeiten der küstennahen Gewässer vertraut waren, erfaßten die »Marktlücke«. Eine häufig auch von größeren Fahrzeugen angewandte Schmuggeltechnik war, ihre Schiffe nicht nach Tönning, sondern nach neutralen Häfen zu deklarieren, und auch die englischen Kapitäne griffen zu ähnlichen Praktiken: sie liefen unter fremder Flagge den Tönninger Hafen an. »Honi soit qui mal y pense« — ein Schelm, der Böses dabei denkt! Man versorgte von Tönning aus fast allein die Herzogtümer mit Kolonialwaren. Wurde ein Schmuggler gefaßt, verlor er Schiff und Ladung, die zugunsten des Staates versteigert wurden. Ein staatliches Konfiskationsregister führt die beschlagnahmten Waren und ihren Wert auf, und die Liste zeigt, daß es den »nautischen Kleinkünstlern«, den Schmugglern, die oft unter Ausnutzung ihrer Kenntnisse von

Wind und Wetter mit hohem Risiko segelten, an kaufmännischem Instinkt nicht mangelte: transportiert wurden nur wertintensive Waren, die an Bord wenig Raum beanspruchten: Kaffee, Tee, Zucker, Weine aus Malaga, Genever, Rum, Arrak, Likör, Rotwein, Bier, Kakao, Mandeln, getrocknete Pflaumen und französicher Branntwein. Waren, die Rückschlüsse auf die Abnehmer zulassen! Allein im Jahre 1807 wurden für 1,8 Millionen Reichstaler Waren konfisziert!

Erst Mitte August 1809 begann der legale Warenumschlag wieder aufzuleben. Neutrale nordamerikanische Schiffe trafen in Tönning ein, die Ladungen fanden Käufer in Hamburg, in den Herzogtümern und im Ausland. 1810 machte ein Verbot der nordamerikanischen Regierung der Belebung des Handels ein plötzliches Ende. Der Grund für das Verbot ist nicht bekannt, muß aber im politischen Bereich gesucht werden. Wahrscheinlich hatten die Untersuchungsbehörden, die unter den amerikanischen Schiffen nach verkappten englischen Fahrzeugen fahndeten, es zu Übergriffen gegenüber Bürgern und Eigentum der Vereinigten Staaten kommen lassen. Ein Zeitgenosse weiß zu berichten: »Vor einigen Jahren mußte Dänemark ansehnliche Zahlungen für zu Unrecht condemnierte amerikanische Schiffe machen«.

»Tönnings glänzende Periode war nun vorüber, und die fetten Jahre verlebt«. Der Hafen verwaiste immer mehr. Nur der Helgolandschmuggel wurde bis zum Ende der Napoleonischen Ära weiterbetrieben. »Es ging Tönning wie Venedig; Handel und Schiffahrt hatten es in Aufnahme gebracht; mit solchen verschwand auch sein Flor und Reiz«. Der Hafen war nur noch von regionaler Bedeutung. Der Kanalverkehr ermöglichte den Handwerkern und Händlern ständigen Gewinn. Fremde Schiffe überwinterten in Tönning und brachten der Stadt Verdienst. Der mäßige Agrarüberschuß, meistens Getreide und Rapssaat, wurde zu Schiff exportiert. Das Lotsenverzeichnis nennt als Zielhäfen Amsterdam, Altona, Hamburg und verschiedene englische Häfen, über die Steinkohle zur Versorgung der Stadt und des Hinterlandes importiert wurde.

Der Schiffbau stagnierte, die im Innenhafen vorhandene Werft, die im 18. Jahrhundert ohnehin daran litt, daß »zu Neubauten kein Kapital vorhanden ist und auch kein Bedürfnis vorliegt«, gerät noch mehr in Schwierigkeiten, als der Bau des Packhauses auf dem Gebiet der Hellinge, das als Pachtland von der königlichen Regierung überlassen worden war, beginnt und ein neuer, ungünstigerer Platz im Innenhafen als Ausgleich angewiesen wird.

Auch der »Schleswig-Holsteinische Canal« bringt für den Schiffbau keinen Konjunkturaufschwung. Kritisch merkt ein Chronist an: »Eine schöne Schiffswerft, wenigstens für kleinere Schiffe ist hier, aber es werden keine Schiffe gebaut, und selbst fremde Schiffe werden häufiger nach Friedrichstadt geführt und dort repariert. In der Tat ein trauriger Kontrast zu Flensburg, wo unaufhörlich Schiffe gebaut werden, die sich durch ihre Frachten oft in einem Sommer bezahlt machen«. Sicher ein Traum für die Reeder der Gegenwart!

Bedeutungsgewinn für den Tönninger Hafen versprach 1855 der Plan der dänischen Regierung, an der Westküste

Die heute noch arbeitende Dawartz-Werft

Schleswig-Holsteins einen großen Seehafen »als Ausgangspunkt für die Eisenbahnlinien der dänischen Halbinsel« anzulegen. In einer Denkschrift heißt es, »daß der dänische Staat eine vorteilhafte Lage für den großen überseeischen Handel hat, solange es aber an der Westküste unserer Halbinsel an einem sicheren, geräumigen und für große Seeschiffe zugängigen Seehafen fehlt«, bliebe man »in einem Abhängigkeitsverhältnis zu der an einer in die Nordsee ausmündenden Wasserstraße belegenen handelsmächtigen Stadt Hamburg«. Ziel des Planes war, einen verstärkten Transithandel herzustellen und den »eigenen selbständigen überseeischen Handel« zu forcieren.

Doch Vermessungsarbeiten zeigten eine im Vergleich zur Zeit der Elbblockade völlige Veränderung des Eiderfahrwassers. Statt der damals festgestellten Minimaltiefe von 17-18 Fuß (circa 5,5 m) stellte man fest, daß an einer vorgelagerten Sandbank, der »Drögte«, nur 7 Fuß (circa 2,10 m) Wassertiefe bei Ebbe war; dazu stellte sich heraus, daß die Fahrrinne schmal und verwinkelt war und selbst Fahrzeuge mittlerer Größe, besonders wenn wegen Gegenwind gekreuzt werden mußte, den Tönninger Hafen nur unter Schwierigkeiten erreichen konnten. Man entschied sich für Husum, doch die Ereignisse von 1864. Der preußisch-österreichische Krieg gegen Dänemark verhinderten die Realisierung dieses Planes.

»Un Schaap un Ossen warn versandt no Hamburg un no England«: Viehausfuhr in der 2. Hälfte des 19. Jahrhunderts

Mitte des 19. Jahrhunderts ergeben sich für Tönning positive wirtschaftliche Perspektiven. England muß 1842 die Einfuhr von landwirtschaftlichen Produkten freigeben, da die eigene Landwirtschaft dem Nahrungsbedarf der ständig steigenden Menge der Industriearbeiter nicht gerecht werden kann. 1845 werden sogar die Einfuhrzölle aufgehoben. Die Lage des Tönninger Hafens zu den englischen Ostseeküsten-

Eiderfähre bei Tönning

häfen ist günstig, die Überproduktion an Vieh, die bislang bei nur geringem Verdienst in Hamburg und Lübeck veräußert werden konnte, ließ ebenfalls den Export zu.

1846 legt ein englischer Viehdampfer, die »Loch Ryan«, in Tönning an und übernimmt eine Ladung von 100 Ochsen, um sie nach Blackwell bei London zu bringen. Das Schiff mußte zwar bald nach dem Ablegen wegen einer Havarie umkehren — wir befinden uns in der Anfangszeit der Dampfschiffahrt — ereichte aber dann nach 3 Tagen bei einem Verlust von nur 2 Tieren sein Ziel. Der Anfang war gemacht! 1846 beträgt der Export schon 1.000 Stück Hornvieh. Außerdem beginnt der Verkauf von Schafen nach England. 1849 übersteigt der Export schon die Zahl von 10.000 Ochsen, klettert bald auf 14.000 und erreicht in den Jahren 1874-1876 den Höhepunkt mit dem Verkauf von rund 45.000 Stück und bis zu 60.000 Schafen jährlich. Doch der Export wird zunächst nur von englischen Reedereien betrieben. Die erste Gesellschaft, die Viehdampfer einsetzte, war die »Northern Steam Paket Company«, die auch die Eisenbahnline Flensburg-Tönning, die 1854 eröffnet wurde, mitfinanziert hatte. Danach übernahm

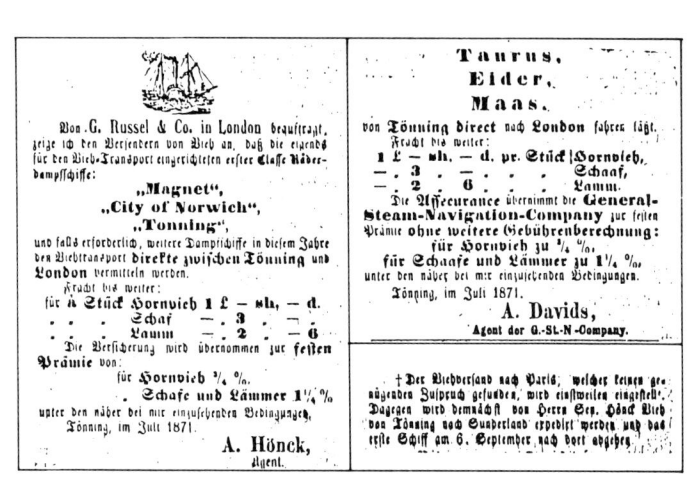

> Von G. Russel & Co. in London beauftragt, zeige ich den Versendern von Vieh an, daß die eigends für den Vieh-Transport eingerichteten erster Classe Räderdampfschiffe:
>
> **"Magnet",**
> **"City of Norwich",**
> **"Tönning",**
>
> und falls erforderlich, weitere Dampfschiffe in diesem Jahre den Viehtransport direkte zwischen Tönning und London vermitteln werden.
>
> Fracht bis weiter:
> für à Stück Hornvieh 1 £ — sh, — d.
> . . . Schaf —. 3 . —.
> . . . Lamm —. 2 . — 6
> Die Versicherung wird übernommen zur festen Prämie von:
> für Hornvieh ³/₄ %.
> . Schafe und Lämmer 1¹/₄ %,
> unter den näher bei mir einzusehenden Bedingungen.
> Tönning, im Juli 1871.
> **A. Hönck,**
> Agent.

> **Taurus,**
> **Eider,**
> **Maas,**
> von Tönning direct nach London fahren läßt.
> Fracht bis weiter:
> 1 £ — sh, — d. pr. Stück Hornvieh,
> —. 3 . — . . . Schaaf,
> —. 2 . 6 . . . Lamm.
> Die Assecuranz übernimmt die **General-Steam-Navigation-Company** zur festen Prämie ohne weitere Gebührenberechnung:
> für Hornvieh zu ¹/₄ %,
> für Schaafe und Lämmer zu 1¹/₄ %,
> unter den näher bei mir einzusehenden Bedingungen.
> Tönning, im Juli 1871.
> **A. Davids,**
> Agent der G.-St.-N-Company.

> † Der Viehversand nach Paris, welcher keinen genügenden Zuspruch gefunden, wird einstweilen eingestellt. Dagegen wird demnächst von Herrn Sry. Hönck Vieh von Tönning nach Sunderland erpedirt werden, und das erste Schiff am 6. September nach dort abgehen.

die »General Steam Navigations Companie«, eine Aktiengesellschaft von Kleinaktionären, den Viehtransport und ließ die Viehdampfer »Taurus« und »Eider« bauen.

Um die über die englischen Reedereien ins Ausland fließenden Gelder der heimischen Wirtschaft zukommen zu lassen, wurde im Jahre 1871 die »Tönninger Dampfschiffahrts-Gesellschaft« gegründet. Das erste Schiff war die für 6.700 englische Pfund gekaufte »Eiderstedt«, die am 10. August 1871 ihre erste Reise unter der neuen Reedereiflagge antrat, und den Augen der Tönninger »Sehleute«, der »Hafen-Kieker«, zeigte sich an diesem Tage ein völlig verändertes Bild: gleichzeitig liefen die englischen Dampfer »Eider«, »Taurus«, »City of Norwich« und »Tönning« aus, und es »war eine stattliche Flotte, welche die Reede von Tönning verließ«.

Doch zwischen den Reedereien entwickelt sich ein erbitterter Konkurrenzkampf, bei dem die Tönninger Reederei wegen ihrer geringeren Kapitalbasis im Senken der Frachtrate unterlegen war und auch im technischen Bereich nicht Paroli bieten konnte: beide englischen Reedereien setzten moderne Neubauten zum Viehtransport ein; und diese Tarifkämpfe haben sich bis zum Schluß der Ausfuhr mehrfach wiederholt und zu den geringen geschäftlichen Erfolgen der »Tönninger

Dampfschiffahrtsgesellschaft« beigetragen. Und auch die Nordsee zeigte sich dem Kampf um Gewinn und Wohlstand nicht geneigt: als im Oktober 1881 die Schiffe »Taurus«, »City of London«, »Lion« und »Dithmarschen« bei stürmischem Wetter ausliefen, geriet die »Lion« schon in den Untiefen des nordfriesischen Wattenmeeres auf Grund und kam nach fünf Tagen bei fast völligem Verlust der Ladung nach Tönning zurück; die »Dithmarschen« mußte Glücksstadt als Nothafen anlaufen, dort wurde das noch lebende Vieh verkauft. Die »Taurus« und »City of London« erreichten zwar ihren Bestimmungshafen London, doch nur unter erheblichen Verlusten an Vieh. »Natura non facit saltus« — die Natur macht keine Sprünge. Wer hinter den Deichen wohnt, weiß das!

Im April 1889 unterbrach ein Einfuhrverbot für deutsches Vieh die Handelsbeziehungen nach England. Von Hamburg aus war die Maul- und Klauenseuche nach Schleswig-Holstein eingeschleppt worden, und auch als das Land zwischen den zwei Meeren im August 1889 für seuchenfrei erklärt wurde, erfuhr der Export von Lebendvieh nach England nicht die erhoffte Neubelebung. Auf der britischen Insel zeigte man sich vorsichtig und begründete das weiterbestehende Einfuhrverbot mit der Tatsache, daß die Seuche im übrigen Deutschland noch grassiere. Die Tönninger Reederei suchte neue Wege, rüstete — für die damalige Zeit ein Novum — den Viehdampfer »Schleswig« mit Kühlanlagen aus und nahm den Fleischtransport nach England auf, allein der Versuch scheiterte an der ungenügenden Konservierung des Fleisches.

Da ohnehin der harte Konkurrenzkampf mit den englischen Reedereien die Dividende der Tönninger Reederei von anfangs 10 % auf 4 % hatte schrumpfen lassen und 1879 sogar ein Verlust von 19.000 Reichsmark in Kauf genommen werden mußte, weiterhin ein Neubau, der in Kiel bei der Howaldtwerft für 440.000 Mark in Auftrag gegeben worden war, wegen des Ausfuhrstopps nicht eingesetzt werden konnte, war

Eiderwerft
(Schiffswerft, Maschinenfabrik,
Kesselschmiede und Gießerei)

der Konkurs der Aktiengesellschaft vorauszusehen. 1903 ging die Reederei in Liquidation. Reedereigelände und Verladebrücke am Außendeich übernahm die Werft von Schömer und Jensen. In der englischen Hafenstadt Lowenstoft erinnern die »Tonning Street« und die »Tonning St. Hall« an die Handelsbeziehungen in der 2. Hälfte des 19. Jahrhunderts.

Der Bau des Nord-Ostsee-Kanals dämpfte die nach der Einstellung der Viehausfuhr nach England ohnehin geschwächte Konjunktur der Tönninger Wirtschaft noch weiter; damit war die Stadt vom Seeverkehr weitgehend ausgeschlossen. Die Brücken an der Eider wurden abgebrochen.

Der günstige Standort am Eiderufer und der technische Optimismus, der um die Jahrhundertwende das Dampfschiff für das Seetransportmittel der Zukunft hielt, führten um 1900 zur Gründung der Eiderwerft, die aus der Maschinenfabrik von Schömer und Jensen hervorging. Zeitweise beschäftigte die Werft 1.600 Arbeiter, die hauptsächlich in den »Werfthäusern« Yurian-Ovens-, Danckwerth- und Friesenstraße wohnten; die Gebäude sind zum Teil erhalten. Auf dem Werftgrundstück am Eiderdeich und an der Fischerstraße entstanden nacheinander eine Kesselschmiede, eine Holzbearbeitungswerkstatt und eine Maschinenbauhalle. Die Auftragslage war bis zum Beginn des 1. Weltkrieges gut; auch nach dem Kriege war wegen des Wiederaufbaus der Handelsflotte der Auftragsbestand zunächst gesichert. Erst nach der Inflation wurde die Existenz der Werft, die zuletzt zu den »Norddeutschen Unionswerken Hamburg« gehörte, gefährdet. 1925 begann die Entlassung der Arbeiter, von denen viele in Hamburg als qualifizierte Werftarbeiter ein neues Auskommen fanden. Eine »Tönninger Straße« in der Hafenstadt erinnert an die sicher nicht gewollte Umsiedlung vieler Familien.

Am Anfang des Jahres 1905 unternahm der aus Tönning stammende Reeder F. L. Sloman den Versuch einer Wiederbelebung des Tönninger Hafenverkehrs. Er hatte die Absicht, einen regelmäßigen Segelschiffsdienst zwischen Tönning und Australien einzurichten. Um überhaupt in Konkurrenz zu den Welthäfen Hamburg, Bremen und Antwerpen Frachten über den Tönninger Hafen verladen zu können, hatte sich die Reederei Sloman entschlossen, die Frachtraten herabzusetzen. Bremer und Hamburger Speditionen wurden beauftragt, Frachten für die Verladung in Tönning einzuhandeln, und am 13. Mai jubelt die lokale Presse: »Wenn das Vorstehende — die Einrichtung einer direkten Segelschiffsverbindung zwischen Tönning und Australien — sich bestätigt, woran wohl nicht mehr zu zweifeln sein möchte, bedeutet diese Freudenbotschaft für Tönning nichts Geringeres als das Eintreten in die Reihe der Häfen des Weltverkehrs«.

Doch bald zeigten sich erste Schwierigkeiten: die Verlademöglichkeiten für Schwergüter reichen nicht aus, Tönning gehört nicht zu den Städten, denen die preußische Eisenbahnverwaltung einen Sondertarif zugestanden hat, Verbesserungen der Bollwerk- und Kaianlagen waren nötig. Auch wenn eine neue Brücke, die sogenannte »Preußenbrücke«, und der Bau von Lagerraum die Beeinträchtigung des Warenumschlages minderten und die Hafenbahngebühr »zur Herbeiführung einer Gleichstellung mit anderen Hafenplätzen« auf die Hälfte verringert wurde, konnten jedoch nautische Schwierigkeiten nicht beseitigt werden.

Als am 8. Juli 1905 der erste Segler, die Bark »Olga«, ein Schiff von 1173 Registertonnen, den Tönninger Hafen erreichte, hatte sie vom äußeren Eiderfeuerschiff bis zum Festmachen an der Eiderbrücke 66 Stunden benötigt, ein Zeitaufwand, der kaufmännisch kaum zu vertreten war. Dazu zeigten sich andere Defizite: ausreichende Schlepperhilfe war nicht vorhanden, es fehlte die Ausbaggerung des sich ständig ändernden Fahrwasser, eine Befeuerung der Eider für den Schiffsverkehr bei Dunkelheit war nicht vorhanden; die Liege- und Ladeplätze reichten noch nicht aus, sie »forderten den Spott heraus«!

Dreimaster an einer der Tönninger Eiderbrücken

Zwar verlassen 1905 und 1906 verschiedene Barken und sogar ein Vollschiff — ein rahgetakelter Dreimaster — den Tönninger Hafen, doch scheint eine ausreichende Rentabilität nicht erreicht worden zu sein, denn bald versiegen die Nachrichten über den mit so großen Hoffnungen verbundenen Liniendienst nach Australien. Die Lage der Stadt an der Eider und die Nähe der hanseatischen Konkurrenz hatten das Unternehmen zu einem untauglichen Versuch werden lassen.

Gleichzeitig mit dem Versuch, den Tönninger Hafenumschlag durch den pazifischen Liniendienst zu beleben, unternimmt der Tönninger Magistrat den Versuch, eine regelmäßige Schiffsverbindung auf der Linie »Kiel, Rendsburg, Tönning einerseits und England andererseits« aufzubauen. In einem Gutachten wird festgestellt, daß bei Ankauf von zwei Schiffen bei einer Auslastung von 2/5 der Tragfähigkeit rentabel gearbeitet werden könnte. Als mögliche Importgüter nennt der Gutachter Eisen, Maschinenteile, Baumwolle, Holz und Kohle. Exportfracht könnten Getreide, Kartoffeln, Zucker, Weißkohl, Bier, Viehfutter und Chemikalien sein. Doch das Projekt, in dem Fehler in der Rentabilitätsrechnung nachgewiesen wurden, wird nicht realisiert.

Seite 58 oben: Hafenansicht mit Packhaus
unten: Tonnenhof des Wasser- und Schiffahrtsamtes

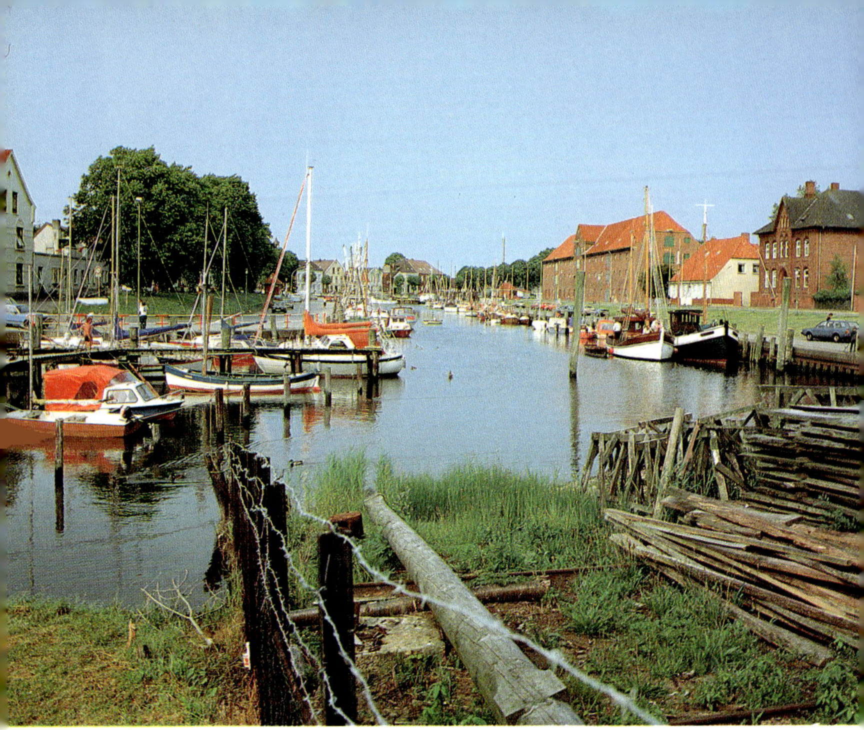

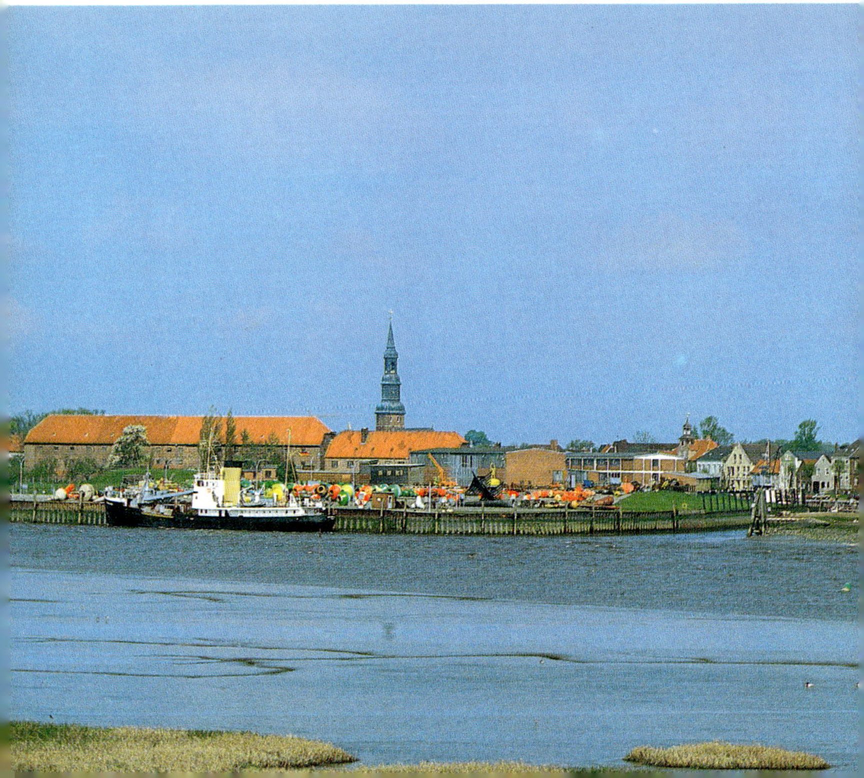

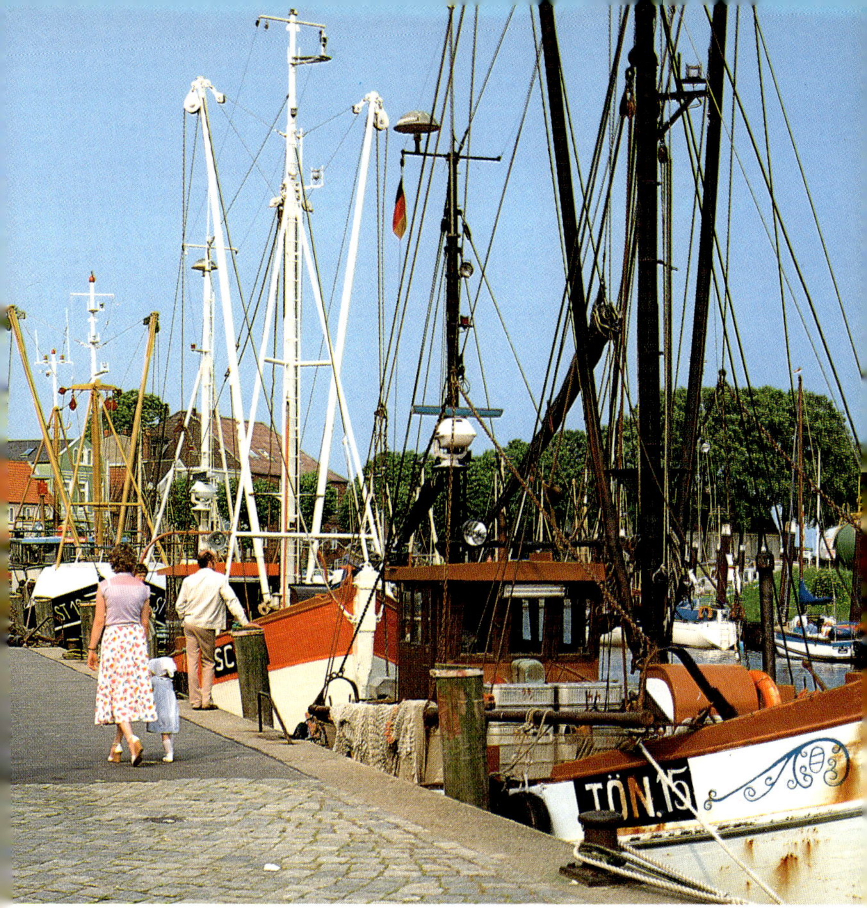
TÖN.15

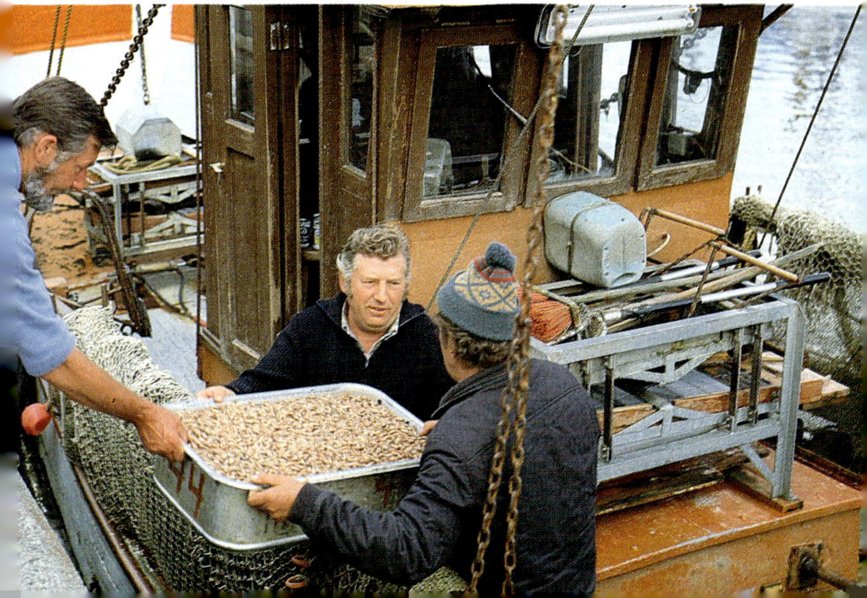

Nach 1906 bestritt nur die Kohleeinfuhr aus England und der Transport von Stückgut im Küstenbereich den Warenumschlag im Tönninger Hafen. Nach dem ersten Weltkrieg kommt der Kohleimport wegen der Unzulänglichkeit der Lade- und Löschvorrichtungen nicht mehr in Gang, 1926 wird die Eiderlotsengalliote eingezogen und der Lotsenzwang aufgehoben.

Der Zweite Weltkrieg verschonte die Gebäude der Stadt. An die vielen Kriegstoten und die Opfer der Flucht und Vertreibung erinnert das am 13. November 1960 auf dem Friedhof eingeweihte Mahnmal. Tönnings Einwohnerzahl steigt durch die Aufnahme der Heimatvertriebenen sprunghaft an und erreicht 1948 mit 6.572 gemeldeten Bürgern ihren Höchststand. Das Siedlungsgebiet wird über den alten Stadtkern hinaus hauptsächlich an der Friedrichstädter Chaussee nach Nordosten sowie an der Badallee und Katinger Landstraße nach Westen erweitert. 1970 verliert Tönning nach der Auflösung des Kreises Eiderstedt den Status einer Kreisstadt. Das Haus der Kreisverwaltung wird Internat für Auszubildende der Landesberufsschule für Drogisten.

Netzeflicken am Tönninger Hafen

Seite 59 oben: Krabbenkutter im Hafen
unten: Frische Krabben

Un dat is Tönn' hüt — rinkieken lohnt sick!

Wie seit vielen Jahrhunderten sind der Tönninger Marktplatz mit seinen Gebäuden und die zum Hafen hin liegende Altstadt Zentrum und Schmuckstück der Stadt. Jeden Montag werden hier von Händlern aus dem Umland auf dem Wochenmarkt die Produkte der Landschaft und auch »Novitäten« angeboten, und man sollte seiner Phantasie einmal Raum geben für einen Wochenmarkt »Anno MDCXIII«, als Hafen und Bootfahrten gerade fertiggestellt waren und der handelnde Bauer mit seinem »Apfelschiff« aus Rendsburg, Delve oder Kating kommend, direkt vom Schiff aus am Markt seine Waren anpries.

Tönning lernt man am besten durch einen Rundgang kennen, den der Besucher am Markt beginnt. Der Marktbrunnen ①,* 1613 aus Sandstein erbaut, ist einer der wenigen älteren Kunstbrunnen des Landes. Das Haus »Am Markt 13« ②, 1845 fertiggestellt, ist das ehemalige Landratsamt. Eine Justitiafigur am Giebel kennzeichnet noch heute die frühere Funktion des Gebäudes.

Im Norden wird der Marktplatz von dem wuchtigen Bau der St. Laurentius-Kirche ③ beherrscht. Nach der ersten urkundlichen Erwähnung der Kirche im Jahre 1186 wird sie zu einer der Hauptkirchen der Landschaft. Die ältesten Teile sind in der romanischen Nordwand und den gemauerten Rundbogenfriesen unterhalb der Fensterreihe zu sehen; dabei wurde als Baumaterial rheinischer Tuffstein verwendet, der damals auf der Handelsroute Rhein-Nordsee-Eider herangebracht wurde. Steine als Baumaterial mußten, da die Marschen an der Nordsee über keine natürlichen Vorräte verfügen, über weite Strecken transportiert werden und fanden nur Verwendung für wichtige Offizialbauten. 1403 wurde der Turm anläßlich einer »nachbarlichen« Auseinandersetzung mit den Dithmarschern abgebrannt. Nach dem Wiederaufbau wurde der

★ Diese Zahlen verweisen auf den Lageplan am Ende des Buches

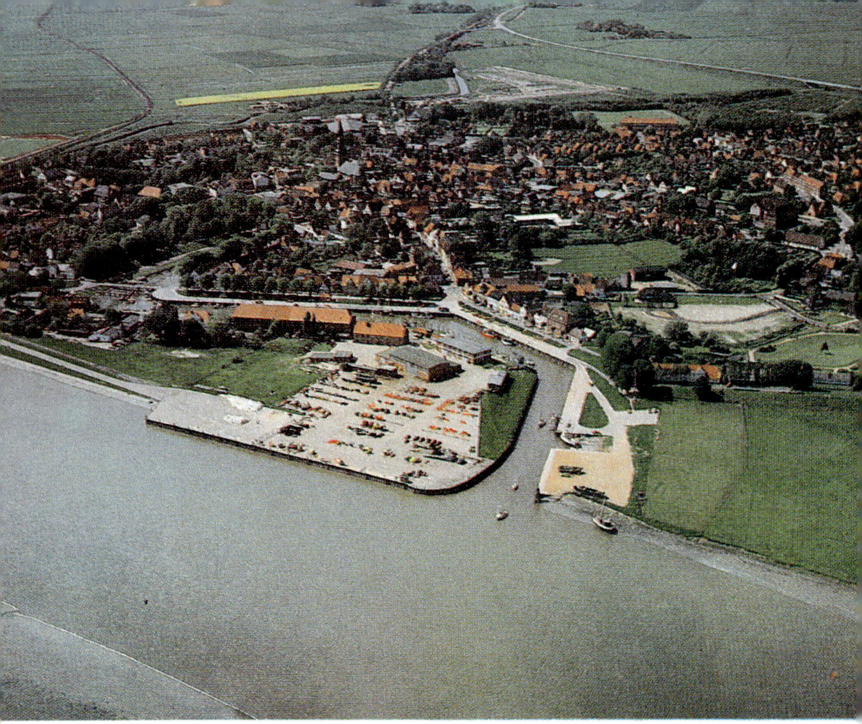

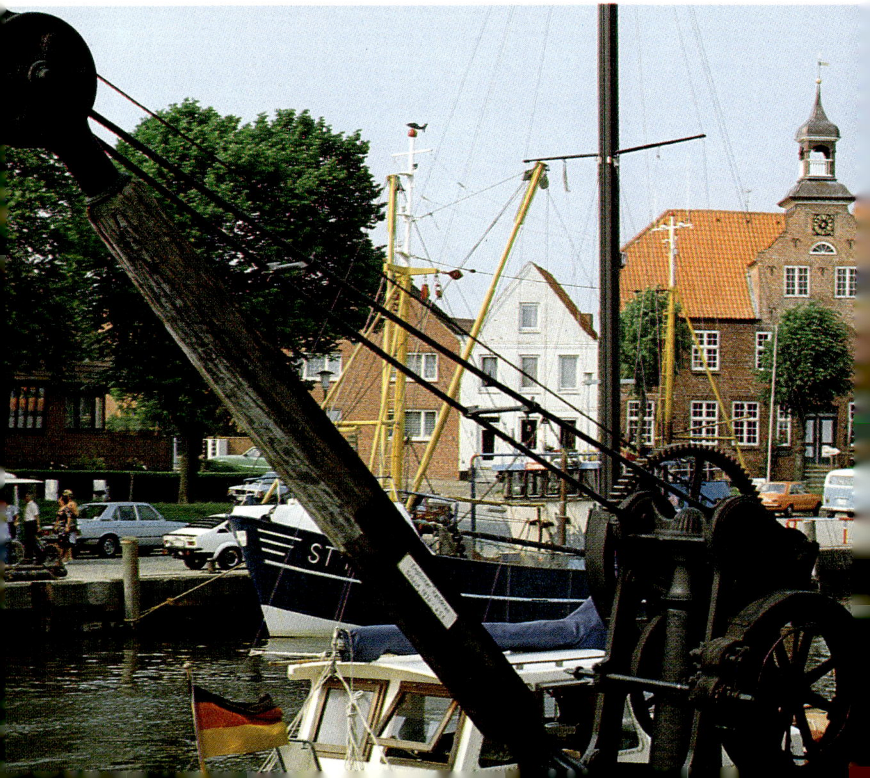

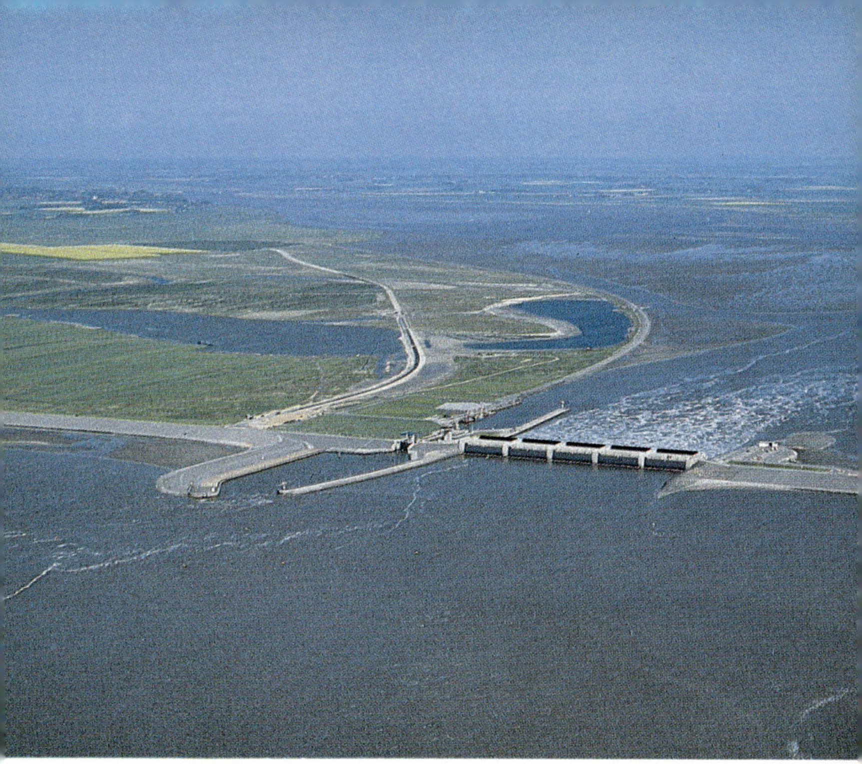

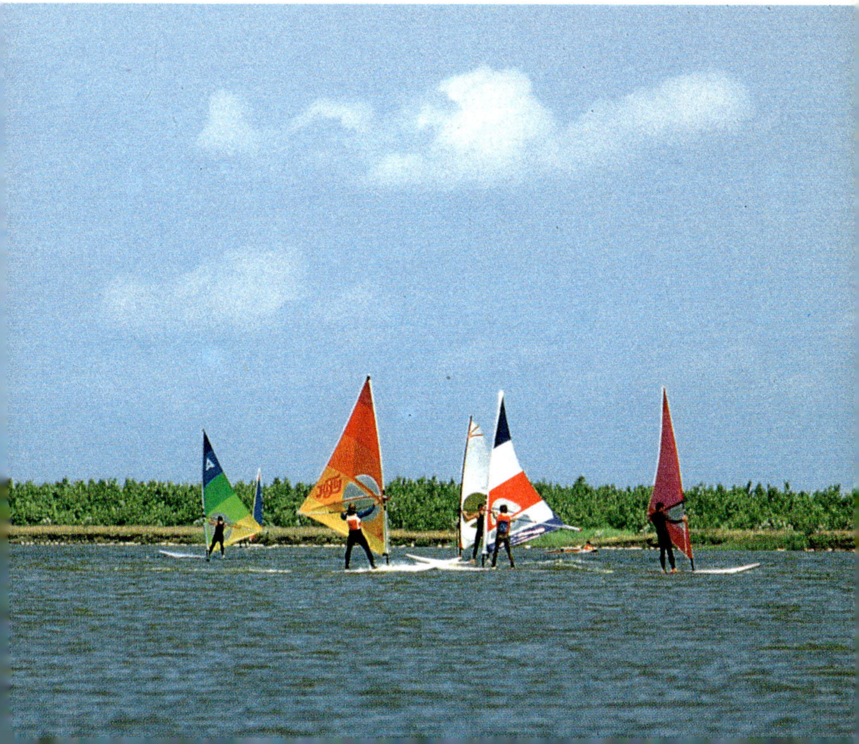

Turm noch einmal 1580 erhöht. Er diente lange Zeit den heimkehrenden Schiffern als Landmarke. 1593 erhielt die Kirche ihre erste Orgel. Ein Kupferstich aus dem Braun-Hogenbergischen Städtebuch zeigt die Kirche mit dem wuchtigen Turm auf quadratischer Grundfläche neben dem abgewalmten, mit einem Dachreiter versehenen Satteldach des Hauptschiffes. Bis 1650 wurde der Turm auf der vorhandenen Basis erhöht und zeigte eine weitaus schlankere Silhouette. Zwischen 1667 und 1675 erhielt der Turm Uhr und Glocken; die Glocke von 1672, eine Viertelstundenglocke, hängt heute noch in der Durchsicht des Turmes.

Im Nordischen Krieg kommt es zu erheblichen Beschädigungen der Kirche. Am 1. Mai 1700 stürzt nach Beschuß die Kirchturmspitze herunter, ein Teil der Mauer fällt zusammen. Ein vorweggegangenes Gespräch der Tönninger Geistlichen mit den Belagerern in Hoyerswort, die Kirche zu schonen, war ergebnislos geblieben, »da man Feuer und Kugel nicht in den Händen hätte, mit Vorsatz sollte jedoch der Kirche nicht zugesetzt werden, sondern selbige verschont bleiben«. Und der in Tönning tätige Organist seufzt, »daß die Dänischen an der Osterseiten am 26. April und 4. May by 5775 Bomben und 57 Brenner und eine große Menge glüender Kugeln hereinwarfen, daß auch die Spitze von dem Thurme mit den beiden Klocken als die Viertelklocke und die Stundenklocke herunterkamen«. 1704 wird der zerschossene Turm erneut aufgemauert und mit Kupfer eingedeckt. Er ist nach dem Turm des Schleswiger Doms der zweithöchste im Lande. Als Erbauer des Turmhelmes wird der Altonaer Zimmermeister Jakob Bläser genannt; er hat auch den Turm der Altenaer Hauptkirche, der Trinitatiskirche, gebaut. Das Bild, das die Kirche 1712 zeigt, hat sich bis heute fast unverändert erhalten. Bedeutendster Kunstschatz der Tönninger Kirche ist der Ovenssche Epitaph »Die Heilige Familie mit Elisabeth und dem kleinen Johannes«. Es kam als Vermächtnis an die Tönninger Kirche, denn in dem Nachlaßinventar des Malers heißt es:

Seite 63 oben: Eidersperrwerk mit Katinger Watt
unten: Surfer im Katinger Priel

»Ein Original, worauf Maria mit dem Christuskind in einem schönen Rahmen, soll der Kirche verehrt werden«. Dieses Gemälde wurde von Jürgen Ovens geschaffen, der 1623 als ältester Sohn des Tönninger Ove Broders in Tönning geboren wurde und lange Zeit als Rembrandt-Schüler galt. Nachdem er von 1640-1651 in Holland gelebt hatte, kehrte er in seine Heimat zurück und wirkte in Tönning bis 1658, danach verließ er die Stadt und lebte bis zu seinem Tode in Friedrichstadt. Die »Yurian-Ovens-Straße« erinnert noch heute an diesen großen Barockmaler.

Eine katholische Kirche wurde 1972 in der Badallee erbaut. Von der St. Laurentius-Kirche aus geht man nach Norden in die »Johann-Adolf-Straße« ④, wahrscheinlich eine der ältesten Straßen der Stadt. Das Haus Nr. 11 beherbergte früher die alte Apotheke. Tönnings Apotheke hat Tradition, gehörte sie doch neben den Apotheken in Lübeck, Schleswig und Itzehoe zu den ersten vier im Lande Schleswig-Holstein. Acht Jahre nach der Verleihung der Stadtrechte 1590 begründete der Apotheker Wilhelm Wassenberg diese erste Apotheke im nordfriesischen Bereich. Sie wechselte öfter den Standort, bis schließlich der Apotheker Johann Barthold Schwarz sie in die Johann-Adolf-Straße verlegte, wo sie bis 1976 verblieb. Heute wird die Apotheke, wie schon im 17. Jahrhundert einmal, wieder am Markt betrieben. Beachtenswert sind die alten Häuserfronten »Johann-Adolf-Straße 13, 15, 19«.

Über die »Norderstraße« ⑤, »Twiete« ⑥ (das Wort wird vom Plattdeutschen »twee« = zwei abgeleitet und bedeutet Verbindungsweg zwischen zwei größeren Straßen) und »Rademacherstraße« ⑦ gelangt man in die Straße »Kattrepel« ⑧. Dieser Bereich gehört zum ältesten Bebauungsgebiet der Stadt und vermittelt einen guten Eindruck vom Leben in den engen Gassen einer Kleinstadt. Wie auch in anderen Städten finden sich viele Straßennamen, die auf die berufliche Tradition hinweisen und den Betrachter, sofern er ein wenig Phantasie hat, in alte Zeiten zurückversetzen können.

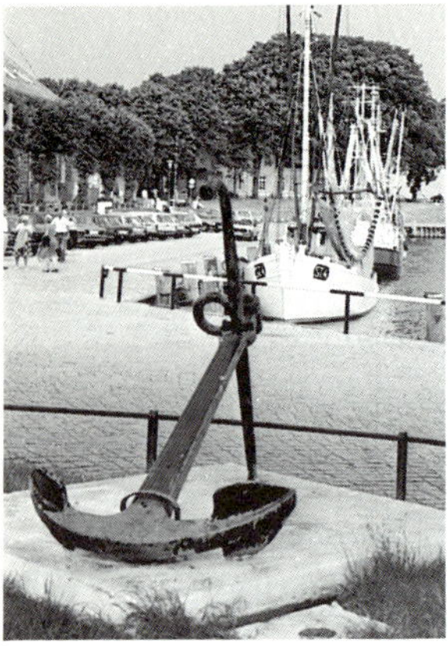

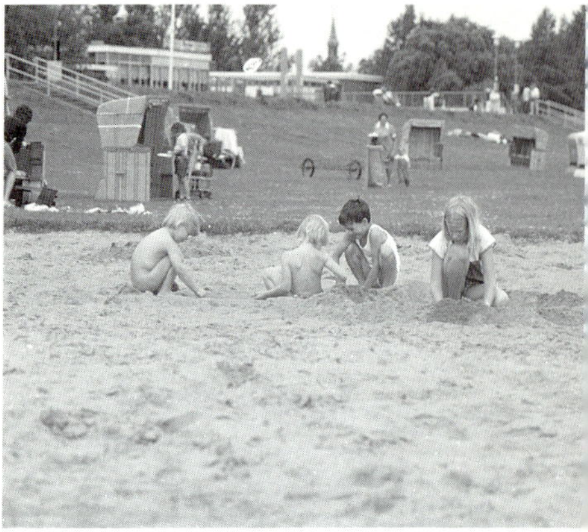

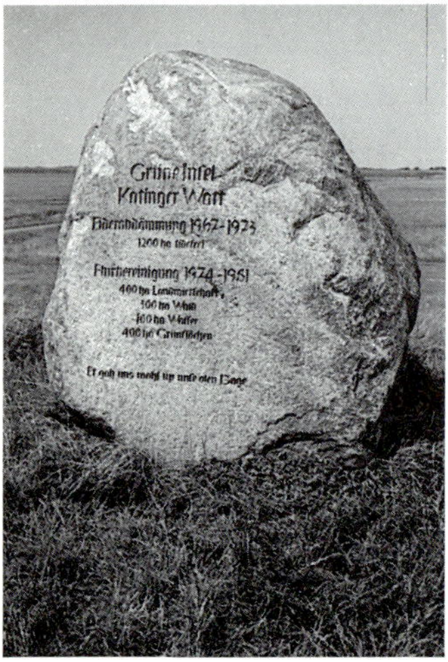
Grüne Insel
Katinger Watt

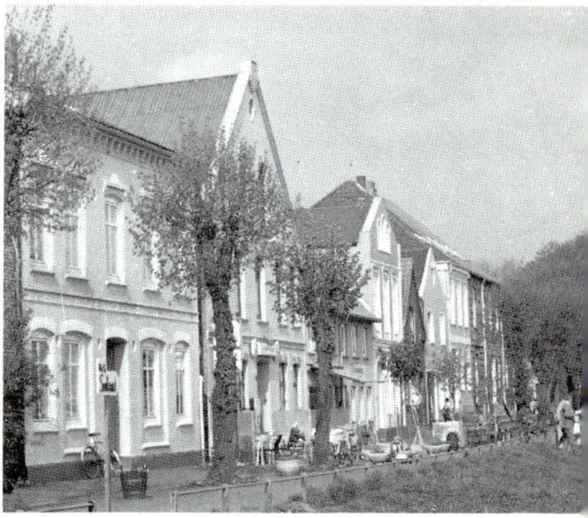

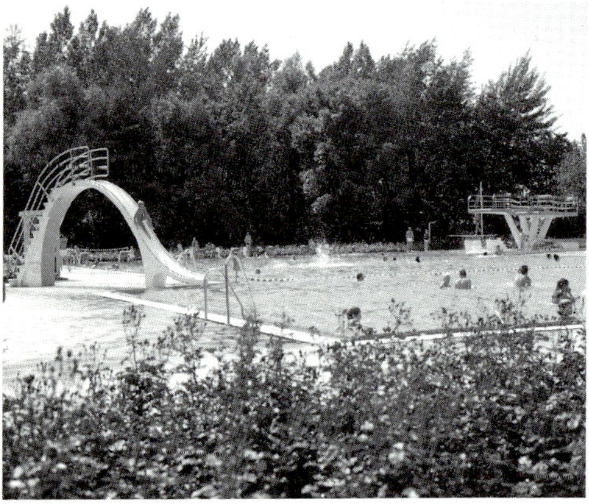

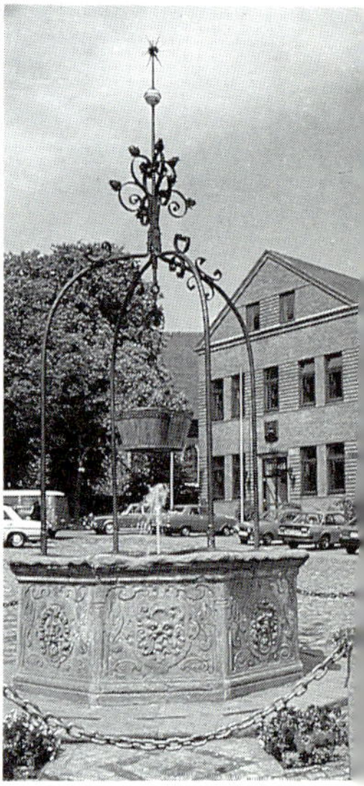

Vom »Kattrepel« aus lohnt sich ein Abstecher in den »Neuweg« ⑨, um eine umfangreiche Sammlung alter Maschinen und Geräte aus Stadt und Landschaft zu betrachten. Der Rundgang führt weiter durch die »Neustadt«, eine Straße mit vielen sehenswerten Häusern. Das Gebäude »Neustadt 20« ⑩, ein eingeschossiges Backsteinhaus mit Stufengiebel, zeigt das Datum 1619. Schräg gegenüber befindet sich neben einem alten Speichergebäude das Geburtshaus des Chirurgen Friedrich von Esmarch ⑪, ein dreigeschossiges Traufenhaus mit altem Backstein-Rückflügel, das 1713 auch das Hafthaus des Generals Stenbock nach dessen Kapitulation war. Friedrich von Esmarch ist ein großer Sohn der Stadt, der, 1823 in Tönning geboren, mit 31 Jahren in Kiel Professor der Medizin wurde und ab 1870 auch Generalarzt und beratender Chirurg der Armee war. Er erfand das Verfahren, Gliedmaßen durch Abschnüren mit einem Gummischlauch künstlich blutleer zu machen und ohne Blutverlust zu operieren. Und einen Bestseller schrieb er auch: seine volkstümliche Schrift: »Die erste Hilfe bei plötzlichen Unglücksfällen« wurde in 23 Sprachen übersetzt. Die Stadt Tönning hat ihm zu seinem 80. Geburtstag ein Denkmal gesetzt.

Esmarch-Denkmal und Wohnhaus (Neustadt)

Von der Neustraße aus blickt man nach Osten in die »Fischerstraße«, wo früher die »Kosakenhäuser« standen, in denen im Nordischen Krieg Kosaken Quartier nahmen. Am Übergang zur Straße »Am Hafen« stehen, wie an allen Zugängen zum Hafen, gemauerte »Stöpen« ⑫, die früher bei Hochwasser mit zwei Lagen von Bohlen verschlossen wurden, um eine Überflutung der Innenstadt zu verhindern. Ähnliche Einrichtungen findet man verkleinert an vielen Häusern »Am Hafen«. Links neben der Stöpe sieht man das »Schifferhaus« ⑬, ein zweistöckiges Traufenhaus mit bretterverkleidetem Zwerchgiebel und einem Türmchen mit Uhrwerk und Glocke. Es verdankt seinen Namen der Tönninger Schiffergilde, die schon 1624 als Versicherung gegen Seeunfälle gegründet wurde. Außen befinden sich auf einer Steintafel, wie an vielen anderen Häusern auch, Flutmarken, die an vergangene Sturmfluten erinnern. Die Häuser »Am Hafen 37 und 39« stammen aus dem 18. Jahrhundert. Das letzte Haus an der Hafenzeile ist das Gebäude des Wasser- und Schiffahrtsamtes ⑭ »auf dem Robbenberge«.

Geht man in Richtung Innenhafen, entdeckt man hinter einer Baumreihe die zweigeschossigen Traufenhäuser mit Zwerchhaus in der Frontmitte »Am Hafen 22, 23 und 24«, deren Eingangstüren handwerkliche Meisterleistungen darstellen ⑮.

Über den Torfhafen führt eine Fußgängerbrücke, deren beweglicher Mittelteil einer holländischen Zugbrücke nachgestaltet ist. Auf einer kleinen Werft im Hafenwinkel wird heute immer noch Schiffbau betrieben. Die Südseite des Hafens wird durch das wuchtige, 1784 fertiggestellte Packhaus begrenzt, das der Warenlagerung nach dem Bau des »Schleswig-Holsteinischen Canals« diente ⑯. Heute befindet sich im 1. Stockwerk der Ausstellungsraum für Tönninger Stadtgeschichte. Es lohnt sich sehr, ihn in den Sommermonaten zu besuchen. Das typische Hafenbild runden die zum Teil längsseits vertäuten Krabbenkutter ab.

Nach der Fertigstellung des Nord-Ostsee-Kanals 1895 und dem damit verbundenen wirtschaftlichen Rückgang der Stadt (der Schleswig-Holsteinische Canal existierte nicht mehr) sah man sich nach neuen Erwerbszweigen um und wurde vor der Haustür fündig: der Krabbenfang, anfangs noch mit einfachen Mitteln betrieben, bot sich an; aber schon 1895 hatte Tönning mit 10 Fahrzeugen die erste Krabbenfangflotte der gesamten Westküste.

Mit Beginn des Ersten Weltkrieges waren alle Kutter motorisiert. Der in einfachster Form durch die Familien betriebene Verkauf der Krabben machte bald dem Ankauf des gesamten Fanges durch Krabbenverarbeitungsfabriken Platz. Ein weiterer Gewinn für das großmarktferne Tönning war die ab 1895 mögliche Konservierung der Krabben durch den Zusatz von Borsäure und nachträgliches Erhitzen, obwohl dieses Verfahren nicht unumstritten war. Auch heute ist die Krabbenfischerei ein für Tönning wesentlicher wirtschaftlicher Faktor. Das »Krabbenpulen«, das Schälen der Garnelen, ist ein Nebenerwerbszweig, und damit der Kurgast diese Kunst erlernt, veranstaltet die Kurverwaltung zusammen mit einer Krabbenverarbeitungsfabrik »Lehrgänge«, so daß der heimgekehrte Binnenländer dann selbst im Bayerischen Wald wegen seiner norddeutschen Fingerfertigkeit bestaunt werden kann.

Hinter dem Packhaus befindet sich der Tonnenhof ⑰, der zum Wasser- und Schiffahrtsamt Tönning gehört. An der Eiderkaje macht der Tonnenleger fest, der Seetonnen übernimmt und auf Position bringt ⑱.

Auf dem Weg zum Schloßgarten geht man am Torfhafen ⑲ entlang. Hier mußten früher, damit sie den Warenumschlag der »Dickschiffe«, der Frachter, die in vergangener Zeit Waren aus fernen Ländern brachten, nicht behinderten, die Torfschiffe anlegen, die das begehrte Heizmaterial vor allem aus Stapelholm und dem Raum Rendsburg brachten.

Im Schloßgarten ⑳ stößt man auf Reste des Schloßgrabens, auf dem sich im Sommer ein Modell des Tönninger Schlosses befindet. Nicht nur das Denkmal Friedrichs von Esmarch, sondern auch weitere Bildhauerarbeiten aus Sandstein runden das Bild ab. Nach einer Pause im Schloßgarten gelangt man an der Norderbootfahrt ㉑ entlang, in der heute noch Senknetze hängen, in die Schleusenstraße. Das Haus Nr. 4 ㉒ ist ein zweigeschossiges Giebelhaus mit Kranausleger und großer Giebelluke, das den Charakter der Handelsstadt des 17. Jahrhunderts, wie auch das Eckhaus Schleusenstraße/Neustraße ㉓, widerspiegelt. Die Neustraße führt zum Markt zurück. Ein gutes Beispiel für die niederländisch geprägte Giebelhausgattung in Tönning ist das zweigeschossige Haus Nr. 12 ㉔ mit altem Stufengiebel und der Jahreszahl 1666. Das Stationsgebäude der fahrenden Post befand sich früher Neustraße 10, das ebenfalls das Datum 1666 trägt ㉕. Man beendet den Rundgang mit einem Blick auf die Inschriftentafel des Hauses Neustraße 4 ㉖, auf der es heißt: »DER SEGEN DES HERRN SEI IN DIESEM HAVS VND MIT ALLEN DIE DA GEHEN EIN VND AVS. ANNO DOMINI 1591«.

Nach dem Zweiten Weltkrieg wurde ein Fremdenverkehrsverein gegründet; bald wurde jedoch die Übernahme der Aufgaben durch die städtische Kurverwaltung nötig, da die Zahl der Übernachtungen und die der Tagesgäste ständig stieg. Hinter dem Eiderdeich wurde ein modernes Meerwasserschwimmbad angelegt, ferner eine Sauna, eine Liegewiese und ein Kinderplanschbecken. Dazu kommen das Bad-Café, eine Meerwasser-Trinkbar sowie eine Liegeterrasse und eine Liegehalle. Ein Kurwald lädt zu erholsamen Spaziergängen hinter dem Deich ein.

Und auch das Umland ist interessant

Ein Erholungsbereich mit besonderer Note ist das Katinger Watt, ein »Erlebnisland«, das nach dem Bau des Eidersperrwerkes 1973 entstand. Das Angebot an die Erholungssuchenden ist vielfältig: der Wassersportler kann die Kanuwasserwege »dicht vor der Haustür« nutzen — bis zu 2½ Stunden kann eine Kanu-Tour dauern. Reiter finden hier ein reizvolles Revier für ausgedehnte Ausritte. Und damit Reiter und Wanderer sich nicht ins Gehege kommen, hat man die Reiter- und Wanderwege voneinander getrennt. Auf einem Drittel der Gesamtfläche wurde ein Erholungswald angelegt, und dieser Wald »auf dem Meeresboden« bedurfte einer sorgfältigen Planung, da ein hoher Grundwasserspiegel, salziger und sandiger Boden und die ständigen Westwinde besondere Probleme aufwerfen. Sie wurden bewältigt, und heute gedeihen Eichen, Eschen, Ahorne, Ulmen und an den Rändern die schnellwachsenden Pappeln und bieten Sperbern, Baumfalken, Bekassinen und sogar Fischreihern neuen Lebensraum.

Der technisch und nautisch interessierte Kurgast sollte auf einen Besuch des Eidersperrwerkes nicht verzichten. Dieses größte Wasserbauvorhaben an der Küste der Bundesrepublik Deutschland erfüllt viele Funktionen. Es ist ein sicherer Sturmflutschutz für das oberhalb der Abdämmung liegende Land, eine Verkehrsanbindung an den Dithmarscher Raum und verbessert die Vorflut (das Aufnehmen von Binnenwasser) für den Untereiderbereich. Außerdem kann, damit das Außentief nicht versandet, ein Spülbetrieb durchgeführt werden. Um den Sandeintrieb in den Binnenspeicherraum möglichst gering zu halten, wird der Fluteinlaß durch die Sieltore geschickt gesteuert. Dadurch werden hohe Strömungsgeschwindigkeiten vermieden. Bei Hochwasser werden die Tore geschlossen und erst wieder geöffnet, sobald der Außenwasserstand niedriger als der Binnenwasserstand ist.

Der dadurch verstärkte Ebbstrom hat zur Folge, daß die Schiffahrtsrinne im Außenbereich in einem gewissen Umfang von Sandablagerungen geräumt wird.

Und wohin noch von Tönning aus? In einer halben Stunde kann man die Stadt Theodor Storms, die »graue Stadt am Meer«, das vor allem im Sommer gar nicht so grau erscheinende Husum, erreichen. Sehenswert: das Theodor-Storm-Haus, der Hafen, das Schloß.

Über die Eiderbrücke bei Tönning gelangt man in geringer Fahrzeit nach Dithmarschen, in die Kreisstadt Heide, die den größten Marktplatz in Norddeutschland aufzuweisen hat.

Auch ein Besuch in Garding lohnt sich. Ist doch diese kleine Stadt nicht nur der geographische Mittelpunkt der Landschaft Eiderstedt, sondern auch der Geburtsort des großen Historikers Theodor Mommsen (1817-1903). Mommsen erhielt 1902 den Nobelpreis für Literatur. Im alten Diakonat befindet sich eine Gedenkausstellung für den bedeutenden Sohn der Stadt.

Im Nordwesten der Halbinsel liegt Westerhever, von wo man aus einen schönen Ausblick auf die Hever-Schiffahrt und die Tümlauer Bucht hat. Ein reizvolles Fotomotiv ist der außerhalb des Deiches stehende 42 m hohe Leuchtturm, zu dem man über eine kleine Brücke gelangt.

St. Peter-Ording erreicht man über die Bundesstraße 202; man sollte nicht versäumen, über die engen langen Holzstege, die »Pfahlbauten«, die weit vor den Deichen stehen, aufzusuchen. Hat man Glück, kann man auf der Ordinger Sandbank den Strandseglern zusehen, sie zum mindesten vorbeiflitzen sehen.

Ein Besuch in Tönning lohnt sich, und wer sich einmal an die herb-vitale Nordseeatmosphäre dieser Stadt gewöhnt hat, den verlockt immer ein weiterer Besuch in der fast 400jährigen Stadt an der Eidermündung!

Zeittafel

um 1000	erste Eindeichungen in Eiderstedt
1186/87	erste urkundliche Erwähnung der »Tunningharde« und der Kirche zu Tönning
1362	»Große Mandränke«
1403-1446	Auseinandersetzungen der Eiderstedter mit den Dithmarschern
1580-1583	Bau des Tönninger Schlosses
1590	Tönning erhält das Stadtrecht
1612-1615	Bau der Bootfahrten
1618-1648	Dreißigjähriger Krieg
1634	Rungholt-Flut; Zerstörung des »Alten Strandes«
1644	erste Fortifikation der Stadt
1623-1673	Jürgen Ovens
1626	Kaiserliche Truppen unter Oberst Cerbanie in Tönning
1692	zweite Fortifikation der Stadt
1700-1721	Nordischer Krieg
1713	Kapitulation Steenbocks in Tönning
1784	Fertigstellung des Schleswig-Holsteinischen Canals
1803-1807	Blockade der Elbe durch die Engländer
1815	Niederlage Napoleons bei Belle Alliance (Waterloo)
1846	Beginn der Viehausfuhr nach England
1854	Eröffnung der Eisenbahnlinie Flensburg-Tönning
1864	Schleswig-Holstein wird preußisch
1866	Tönning wird preußische Kreisstadt
1914-1918	I. Weltkrieg
1939-1945	II. Weltkrieg
1972	Tönning verliert seinen Status als Kreisstadt der Landschaft Eiderstedt. Seit dieser Zeit besteht der Kreis Nordfriesland. Er wurde aus den drei nördlichen Kreisen Südtondern, Husum und Eiderstedt im Rahmen der Gebietsreform gebildet. Kreisstadt ist Husum.
1973	Fertigstellung des Eidersperrwerkes

Literaturverzeichnis

Blick über Eiderstedt, Band I und II (Heide 1965 und 1969)

F. Diestelhorst: Das Postwesen in Tönning bis zur Mitte des 18. Jahrhunderts in: ZSH6 72/1944

F. Feddersen: Beschreibung der Landschaft Eiderstedt (Altona 1853)

A. Geerkens: Die Schleswig-Holsteinische Bank und ihr Arbeitsfeld im Lichte geschichtlicher Entwicklung (Husum 1927)

O. Hedrich: Die Entwicklung des schleswig-holsteinischen Eisenbahnwesens (Kiel 1915)

O. Hintze: Geschichte der Schiffswerft zu Tönning
(Garding, ohne Jahresangabe)

R. Illing: Die Entwicklung der Seefischerei an der Nordseeküste Schleswig-Holsteins (in Zeitschrift für Schleswig-Holsteinisch-Lauenburgische Geschichte, Bd. 53, Leipzig 1923)

M. Jessen-Klingenberg: Eiderstedt 1753-1864: Landschaft und Landesherrschaft königlich-absolutistischer Zeit (Kiel 1962)

R. Koop: Eiderstedter Heimatbuch, Text I: Besiedlung und Bedeichung (Garding 1936)

Kunst-Topographie Schleswig-Holstein (Neumünster 1969)

R. Kuschert: Landesherrschaft und Selbstverwaltung in der Landschaft Eiderstedt unter den Gottorfern
in: ZSH6 78/1954

R. Kuschert: Landesherrschaft und Selbstverwaltung in der Landschaft Eiderstedt unter den Gottorfern (1544-1713) — (Neumünster 1981)

J. Laß: Sammlung Husumischer Nachrichten,
unveränderter Nachdruck der kompletten Ausgabe 1750 ff.
(St. Peter-Ording, 1981)

Mitteilungsblatt der Gesellschaft für Tönninger Stadtgeschichte 1982 ff.

H. Oldekop: Topographie der Herzogtümer Schleswig-Holstein
(Kiel 1906)

Stadt Tönning, Festschrift zur 375-Jahr-Feier,
herausgegeben von der Stadtvertretung 1965 (vergriffen)

D. Stoltenberg: Die Stadtwerdung Tönnings auf wirtschaft- und sozialgeschichtlicher Grundlage (Hamburg 1958)

E. Waschinsky: Schleswig-Holsteinische Maße und Geschichte
(Neumünster 1952)

F. Wolfhagen: Beschreibung der Stadt Tönning
in: Neues Staatsbürgerliche Magazin IV, 1836

Tönninger Hafentage

Bücher aus dem Verlag H. Lühr & Dircks

Jörn Hagemeister
Rungholt
Sage und Wirklichkeit. Der untrügliche Beweis von der Existenz Rungholts ist hier erstmals veröffentlicht worden. 64 Seiten, 20 Abbildungen und Karten, zweifarbiger, kartonierter Umschlag. ISBN 3-921416-10-8

Johannes Jasper/Claus Heitmann
Chronicon Eiderostadense vulgare
oder die gemeine Eiderstettische Chronik 1103-1547. 96 Seiten, davon 46 im fotomechanischen Nachdruck des Urtextes. Einführung von Albert A. Panten. Die älteste Chronik aus dem nordfriesischen Raum. ISBN 3-921416-07-8

Horst Kurberg
Geschichte der Propstei Eiderstedt
Von den Anfängen bis zum Ende des Sonderstatus Mit einem Vorwort von Propst Hans-Walter Wulf. 138 Seiten, 4 Zeichn. u. Tabellen, zahlr. Abb., Leinen m. Schutzumschlag. ISBN 3-921416-33-7

Werner Junge
Strandsegeln – oder das Segeln auf dem Lande
Das einzige Buch über das Segeln auf dem Lande. 88 Seiten, davon 26 Seiten Abbildungen, vierfarbiger Umschlag. ISBN 3-921416-21-3

Werner Klose/Eckhard Kloth (Herausgeber)
St. Peter-Ording
Ein Bildband über das Nordseeheil- und Schwefelbad. 112 Seiten, davon 48 Seiten Abbildungen (einschl. acht Farbseiten), gebunden mit farbigem, glanzkaschiertem Umschlag. ISBN 3-921416-15-9

Dr. Oscar-Louis Scheby-Buch
Nordseebad Sanct Peter und Ording
Unveränderter Nachdruck der Ausgabe von 1895. Das erste Buch, das über Stankt Peter-Ording erschienen ist. 118 Seiten mit zahlreichen Zeichnungen und Tabellen, gebunden. ISBN 3-921416-17-5

Jakob Tholund
Wyk – Die Stadt auf der grünen Insel Föhr
Bildband. 136 Seiten, 80 Seiten m. teilw. farbigen Abbildungen, Leinen m. farb. Schutzumschlag, ISBN 3-921416-36-1

Hans-Walter Wulf
Kirchen in Eiderstedt
Ein Rundgang durch die 18 evangelischen und zwei katholischen Kirchen der Landschaft Eiderstedt. 112 Seiten, 46 Abbildungen im Text und 20 Kirchenbilder. Taschenbuchformat, zweifarbig gebunden. ISBN 3-921416-13-2